Herbert Beckmann
TöchterVäter

Herbert Beckmann

# TöchterVäter

Rotbuch Verlag

Die Deutsche Bibliothek - CIP Einheitsaufnahme

**Beckmann, Herbert:**
TöchterVäter / Herbert Beckmann. -
Hamburg : Rotbuch Verlag, 1996
ISBN 3-88022-501-X


Umschlaggestaltung: MetaDesign, Berlin
unter Verwendung einer Fotografie von Kevin Knight, New York
Herstellung: Das Herstellungsbüro, Hamburg
Satz: H & G Herstellung, Hamburg
Druck und Bindung: Druckerei Wagner, Nördlingen
Printed in Germany 1996

ISBN 3-88022-501-X

# Inhalt

Für Marie *Lilli* und *Eva* Susanne

# Ende der Schonzeit

Jahrzehntelang hatte ich keinen ernstzunehmenden Gedanken an das Aufwachsen von Mädchen, von Töchtern in der Familie verschwendet, bis ich vor fünf Jahren Vater einer Tochter wurde. Wäre es ein Junge geworden, hätte sich an meiner Haltung nichts ändern müssen, und ich hätte wie andere Väter darüber spekuliert, wann mein Söhnchen wohl in der Lage sein würde, zum erstenmal gegen einen Fußball zu treten und ähnlich gewichtige Dinge im Leben zu bewegen.

Es wurde ein Mädchen, und ich begriff rasch, daß ich zum Doppeldilettanten geworden war. Ich hatte nicht nur keine Ahnung vom Vatersein, sondern auch keinen Schimmer davon, was es heißen würde, Vater einer Tochter zu sein: Welche Bedeutung kann ich als Vater günstigenfalls für meine Tochter haben, und wie ist es, ehrlicherweise, um meine Voraussetzungen dazu bestellt? Welche meiner eigenen männlichen Lebenslehren kann ich guten Gewissens meiner Tochter vermitteln? Stürze ich sie in Identitätskonflikte, wenn ich gar darangehe, »erzmaskuline« Eigenschaften bei ihr zu fördern? Oder muß ich im Gegenteil »an mir arbeiten«, wie es in Psych-Sprach heißt, um Attribute wie »soziale Kompetenz« und »Beziehungsorientierung« glaubhaft goutieren zu können, die selbst manche Feministinnen wieder für genuin weiblich halten?

Es ist schon erstaunlich, daß der Frage bislang so wenig Beachtung geschenkt wurde, wie Männer – von Geburt an erzogen im Sinne der zugeschriebenen Minderwertigkeit des anderen Geschlechts, die sie oft schon in der ehelichen Unterdrückung und Schikanierung ihrer Mütter durch den Vater hautnah vorexerziert bekamen –, wie diese selben Männer, nunmehr Vater geworden, plötzlich fähig sein sollen, Verantwortung für die selbstbewußte und lebensfrohe Entwicklung ihrer Töchter zu übernehmen.

Dieses Buch ist das vorläufige Ergebnis meiner eigenen Suchbewegung als Vater einer Tochter, aber auch meiner Beobachtungen und Überlegungen als Psychologe.

Das Buch fällt in eine Zeit, da der Tochtervater heftig ins Gerede gekommen ist. Lange Zeit fristete er nahezu unbehelligt sein Dasein im Schatten der Großen Geschlechterfrage. Die Mutter, das »geborene« Geschlechtsrollenvorbild der Tochter, stand bleich und schuldig im Scheinwerferlicht bohrender Analysen, während Tochters Vater getrost seiner Wege ging.

Doch die Töchter haben die Väter entdeckt – wenngleich als flüchtiges Objekt. Fast unisono dringt die Klage aus dem großen Strom der töchterlichen Erfahrungen ans väterliche Ufer: »Wo warst du all die Jahre? Warum hast du dich nie für mich interessiert?« Zu betrauern gibt es ein biographisches Loch, eine kontinuierlich vorenthaltene Erfahrungswelt, und auf der Anklagebank sitzt eine nebulöse, zwielichtige Erscheinung.

Enttäuschung ist der vorherrschende Ton in den Klagen der Töchter: über den in unbekannten Sphären schwebenden Vater, dessen kostbare Aufmerksamkeit nur mit allen (»weiblichen«) Raffinessen gewonnen werden kann. Über den leeren Blick des »Hausherrn« in Anbetracht seiner Familie – im Kontrast zu seinen leuchtenden Augen, wenn es hinaus in die Welt der Schreibtische, Werkbänke und Wirtshaustheken geht.

Seltsamerweise aber scheint der abwesende Vater zugleich die wunderlichsten Fähigkeiten zu besitzen: Er vermöge, heißt es inmitten bitterer Klagen über sein Verschwinden, Halt und Orientierung und Kraft und Disziplin der Tochter zu geben – wäre er nur erst einmal greifbar.

Freilich steht diese überraschende neue Idealisierung des ignoranten Tochtervaters in auffälligem Gegensatz zu den zerstörerischen Erfahrungen von Töchtern, wenn der Vater real und nicht bloß virtuell in ihr Leben eingreift. Im Dunkelfeld der Familie spielt sich das Drama der sexuellen Traumatisierung der Töchter durch ihre Väter (und andere Vaterersatzfiguren) vorwiegend ab. Kaum ein Krimineller vereint Fach- und Regenbogenblätter in vergleichbarer Emotionalisierung wie der inzestuöse Vater.

Als Reaktion darauf bearbeitet die Psychologie seit kurzem den familiären Inzest, als könne sie schon dadurch ungeschehen machen, daß sie bis heute über Tochter und Vater insgesamt nur wenig Gehaltvolles zu sagen weiß. Keine andere Familienfigur ist psychologisch bislang so wenig unter die Lupe genommen worden wie der Tochtervater. Jahrzehntelang stand er vornehm im Hintergrund, jetzt steht er plötzlich als Verbrecher da. Wie das?

Daß nach einer Unzahl an Vatertypen nun auch eine Inflation angeblich väterlich geprägter Tochtertypen eingesetzt hat – Gefalltöchter, Leistungstöchter, Trotztöchter, ewige Mädchen, geharnischte Amazonen, gute Töchter, ungewöhnliche Töchter, ängstliche Töchter[1] usw. usf. –, ist eher Ausdruck krampfhafter Orientierungssuche als ein Beitrag zu ihrer Überwindung. Neue Etiketten weisen keine Wege.

Während die Töchter allenthalben Klage über abwesende oder mißbrauchende Väter führen, hüllen sich die Herren selbst, die Töchterväter, in ein Schweigen, das sie womöglich für beredt halten. Typisch Mann?

Wäre ich nicht selbst Vater einer Tochter, verwundert würde ich mich fragen: Rührt die Töchterväter dieser Scherbenhaufen destruktiver Beziehungen und zerstörter Biographien, der uns da vorgehalten wird, überhaupt? Wo bleiben die Versuche zur Ehrenrettung aus den eigenen Reihen, die den Tochtervater nicht allein als Monstrum kennen, ihn aber auch aus der Verantwortung nicht entlassen? Wie ergeht es – nicht einmal soviel wissen wir von unseresgleichen – Vätern selbst mit ihren Töchtern? Haben wir je einen Gedanken darauf verwandt, was unsere Töchter (von uns) brauchen – und ob wir willens und fähig sind, es ihnen zu geben?

Diese Fragen werden in den letzten Jahren vornehmlich von Frauen, den Töchtern, gestellt. Die Antworten darauf enden meist als Wunschzettel, in einem Entwurf vom idealen Tochtervater, wie ihn keine kennt.

Aber es ist Ende der Schonzeit. Die Geschlechtsrollen sind in Bewegung geraten, die »Neue Unübersichtlichkeit« durch die zunehmende Komplexität in nahezu allen gesellschaftlichen Bereichen macht die Beziehungen innerhalb und außerhalb der Familien unsicher. Und so sind auch die Erwartungen an Familienväter denkbar widersprüchlich.

Väter sind heute in einer paradoxen Situation: Nie wurde ihre Präsenz in der Familie so energisch eingefordert wie von den Frauen heute. Nie erschien ihnen selbst die Rolle des Familienvaters samt seinen Rechten und vor allem Pflichten zugleich so diffus. Die Verunsicherung aber ist kennzeichnend für die Rolle des heutigen Mannes schlechthin.

Frauen fordern von Männern, privat und beruflich, zunehmend Qualitäten, die sie nicht länger als »feminin« gelten lassen wollen. Als Partner immer gefragter, schon unter jungen Frauen, so künden bereits Forschungsergebnisse, ist der »androgyne Mann«, und schon Schulmädchen wollen »bloß keinen typischen Jungen«. Sie präferieren heute den »zärtlichen Helden«, der Emotionalität und Durchsetzungsfähigkeit in sich vereint.

Männer aber wissen sich zu helfen. Wenn »Gefühle« zum neuen männlichen Verhaltensrepertoire gehören sollen, dann zeigen sie sie eben, ob sie nun vorhanden sind oder nicht. Schließlich gibt es nichts, was sich nicht erlernen läßt, heißt eine der erfolgreichsten männlichen Maximen.

Mit dem rigorosen Willen zum beherrschten Gefühlsleben machen immer mehr Männer emotionale Exerzitien. Im Zuge der Expansion und Diffusion therapeutischer Techniken in die Gesellschaft findet nun auch in Männergruppen die Verwechslung des Gefühls mit seiner Verbalisierung statt. Machen leitende Angestellte Schnellkurse in Emotionen, die sie dann kaltlächelnd in ihre Alltagskommunikation einfließen lassen. Der aalglatte Psycho-Mann als Vatertyp der Zukunft? Eine wahre Schreckensvision.

Dabei ist die Gegenwart schon frustrierend genug.

Denn die normal-pathologische Ausgangssituation in der Vater-Tochter-Beziehung ist die Fremdheit, die mangelnde Vertrautheit von Vätern mit der Lebenswelt der Töchter, mit dem sozialen und psychologischen Koordinatensystem, in das Mädchen und Frauen sich gestellt sehen. Jungen und Mädchen, Frauen und Männer, mithin Väter und Töchter, begegnen einander mit unterschiedlichen Erfahrungshorizonten, sie sprechen die unterschiedlichen Sprachen der Geschlechter oder werden doch rasch darauf geeicht. Dasselbe sagen heißt oft Verschiedenes meinen, die Mißverständnisse sind allenthalben vorgezeichnet und zuhauf verbürgt.

Das Dilemma der Töchter ist, daß das Bemühen um Verstehen und Einfühlung auf väterlicher Seite bislang Ausnahme geblieben ist. Dabei wäre die erste Voraussetzung für den Selbstverständigungsprozeß des Tochtervaters die Spurensuche, das Aufspüren von Einflüssen aus seiner eigenen Biographie und (Sub-)Kultur. Wie sonst kann er herausfinden, was sein Selbstbild als Mann und Vater sowie das Wunschbild, nach dem er sich seine Tochter ausmalt, vorgezeichnet hat, vielleicht ohne daß ihm dies bislang bewußt geworden wäre? Selbstgewißheit in der Vater-Tochter-Beziehung setzt die Neugier des Vaters auf die inneren und äußeren Welten der Tochter voraus; sie erfordert aber zuallererst die Bereitschaft zur Überprüfung der eigenen Prägungen.

Vorbei die Zeiten, da man von Büchern und anderen Ratgebern noch letztgültige Handlungsanweisungen für die alltägliche Erziehungspraxis erwarten durfte. Nicht, daß keine Erziehungsratgeber mehr erschienen. Im Gegenteil, zu jedem Thema fällt einem immer gleich ein halbes Dutzend sich widersprechender »Ratschläger« in die

Hände. Bis vor wenigen Jahrzehnten noch gültige Traditionen machen einer zunehmenden Unübersichtlichkeit individueller Lebensentwürfe Platz. Diese verwirrende Vielfalt jeweils alleinseligmachender Lebens- und Erziehungsweisheiten vor Augen, bleibt nur die Qual selbstgewählten Handelns.

Im Dienste einer solchen Verständigung zwischen Vater und Tochter soll dieses Buch stehen. An dieser Stelle gleich eine Warnung: Das Buch stellt gewiß eine ungewohnte, stellenweise verstörende Leseerfahrung dar, wenn man das Genre des psychologischen Sachbuchs sonst kennt. Statt nach dem Königsweg der Erkenntnis zu suchen, wählt es lieber verschiedenste Zugänge, um denselben Gegenstand immer wieder neu zu betrachten. Das ist die Philosophie des Kaleidoskops, das nach jedem Schütteln eine neue Ordnung in immer denselben bunten Scherbenhaufen bringt. Das Buch sieht in der Suchbewegung selbst, in dem Bemühen um Selbstvergewisserung in der Tochter-Vater-Beziehung, bereits den Keim zur Linderung des gegenwärtigen Beziehungsdesasters. Es verlangt allerdings nach einer Leserschaft, die bereit ist, all die unverhofften Windungen und Wendungen mitzugehen, die auf sie warten.

»Väter mögen mit Hilfe dieses Buches sich und ihre Erfahrungen mit ihren Töchtern wiedererkennen oder können doch, so hoffe ich, sich selbst abgrenzend, ihren eigenen Standort als Tochtervater besser ausloten.« – So wollte ich *ursprünglich* an dieser Stelle fortfahren. Doch aller Erfahrung nach werden sich kaum Väter unter den Leser/innen eines Vater-Tochter-Buches befinden, denn Männer lesen Zeitungen und Zeitschriften und kaufen Bücher über Politik (daß sie diese auch lesen, bezweifle ich, Hauptsache, sie »kennen« oder »haben« sie). Ich habe mich aber nach Kräften bemüht, das Buch informativ *und* unterhaltsam zu schreiben, so daß das Amüsement der Mütter und Töchter vielleicht auch die Väter dazu treibt, nach dem Buch zu greifen, wenn keiner es sieht. Dann aber wird sich mancher ärgern, daß er über die Töchtermütter nichts erfährt. Dazu möchte ich nur bemerken, daß ein Gang zum nächsten Buchladen ausreichen dürfte, um im Regalfach »Frauen« oder »Kinder« haufenweise einschlägige Bände über Mütter, Töchter, Mütter und Töchter zu finden. Im übrigen scheint mir der neumodische Versuch, alles zu »triangulieren«, was nach Familie riecht, nur dazu zu führen, daß im Trubel wechselseitig ausgemachter Kräftespiele im Dreieck Mutter-Vater-Kind/er die einzelnen komplett ihr Gesicht verlieren. Am Ende wissen wir viel über die Familienstruktur und nichts mehr über die sie bildenden Individuen.

Dies ist deshalb ein Buch über Väter und ihre Töchter; für Mütter fühle ich mich nicht zuständig. Die Beschränkung, meine ich, lohnt sich, denn am Ende dieses Büchleins wird die Erkenntnis stehen, daß die Väterdämmerung, die gemeine männliche Verunsicherung heute, zumindest so viel Chaos in die festgefügten familiären Strukturen gebracht hat, daß echte Chancen zu Veränderungen bestehen.

# Wozu sind Väter nütze?

»Mama!«

Lilli weint.

»Mama!«

»Die Mama ist gleich zurück, Lilli, sie arbeitet noch«, sage ich.

»Mama«, wimmert sie erneut.

»Aber *ich* bin doch da.«

»Mama«, wiederholt sie traurig. Sie schlurft zur Wohnungstür, schaut auf, in der Hand einen kleinen blauen Stoffelefanten. Sie drückt ihn fest an sich. Ich sitze am Boden, schaue ratlos zu. Gibt es einen überflüssigeren Menschen als mich, den Vater meiner kranken (damals) dreijährigen Tochter? Wir warten jetzt beide, daß Eva, die »Mama«, zurückkommt.

»Mama!« – Lilli[1] weint und jammert. Ich nehme sie in den Arm, trage sie herum, ihre Stirn fühlt sich wieder warm an. Sie hat erhöhte Temperatur, das fühle ich mit der bloßen Hand, wenngleich die Kinderärztin mir diese Fähigkeit rundheraus abspricht. »Das würde ich mir niemals zutrauen, mit der bloßen Hand bei einem Kind erhöhte Temperatur festzustellen«, sagte sie schnippisch bei unserem letzten Arztbesuch.

»Mama!« schluchzt Lilli an meiner tränendurchweichten Schulter, und allmählich werde ich ärgerlich.

»Die Mama kommt doch schon bald. *Ich* bin doch da,

du bist doch nicht allein!« bricht es grollend aus mir heraus.

Sofort beginnt Lilli heftig zu weinen. Sie ist untröstlich. Mein Ärger weicht dem aufsteigenden schlechten Gewissen, und dieses dem Gefühl von Enttäuschung und Resignation. Ich bin regelrecht beleidigt: So ist das also, denke ich, zum Trostspenden kommen, scheint's, nur die Mütter in Frage. Doch wir Väter – wozu sind wir dann nütze?

Da – Eva ist endlich zurück. Sofort befreit sich Lilli aus den Klauen ihres väterlichen Gefängniswärters, fliegt ihrer Mutter entgegen, wird hochgehoben, getröstet, geküßt, gestreichelt.

»Der Papa hat mit mir geschimpft«, empört sie sich gekränkt mit dem knatternden Stimmchen eines kranken, unverstandenen kleinen Mädchens. Mutter und Tochter schauen mich an, ein ineinander verknäultes, einträchtiges, entrüstet dreinschauendes weibliches Fabelwesen, das sich jede Einmischung in seine inneren Angelegenheiten verbittet.

Wozu sind Väter nütze? Wozu brauchen Töchter einen Vater?

*

In der Welt der Hasen, Ponys und Enten spielen die Hasen-, Pony- und Enten-Väter keine Rolle. Am Ende von Tierbilderbüchern sind die Kleinen immer hundemüde: »Mama hat uns gerufen. Es ist Zeit zu schlafen« oder »Wo ist meine Mutter? Schnell laufe ich zu ihr. Ich bin froh, wieder bei ihr zu sein« oder »Es wird dunkel. Ich trinke bei meiner Mutter. Wir dürfen über Nacht drinnen bleiben«. – Wir aber, die Hasen-, Pony-, Enten und Menschenpapas, müssen leider draußen bleiben, und das nicht nur nachts. Wir haben zu tun, in Wald und Flur, an Schreibtischen und Werkbänken, draußen eben, beruflich.

Lillis Bilderbücher sind kein abgegriffenes, zerlesenes Erbe aus den längst vergangenen Kindertagen ihrer Eltern, sondern druckfrisch gekaufte Exemplare der letzten fünf Jahre. Sie spiegeln wider, was noch immer – oder gar schon wieder – vorherrschende Lebensrealität in den Familien ist (oder als »gültig« angesehen wird): die Abwesenheit des Vaters, berufsbedingt. Denn der Vater sorgt fürs Futter, und dafür wirft er sich mächtig ins Geschirr, tagtäglich, vielleicht auch nachts, die Kinder wissen es nicht genau, denn sie schlafen ja, drinnen, und er bleibt draußen.

Früher noch, in der Generation meines Vaters, galt allein die Rolle des »Ernährers« oder profaner des »Verdieners«, der seiner Familie die hart verdienten Brotkrumen nach Hause brachte, als Zeichen väterlicher Verantwortlichkeit. Heute – ja was gilt heute? Zugegeben, ideologisch hat diese Einstellung zur berufsbedingten Abwesenheit des Vaters, zu seiner Rolle als Ernährer der Familie, in den letzten zwanzig Jahren fundamental an Boden verloren. Praktisch aber, das belegen übereinstimmend die einschlägigen Studien der letzten zehn Jahre, hat sich an der mangelnden Präsenz von Vätern an der familiären Heimfront nichts geändert, und das trotz zunehmender Berufstätigkeit von Frauen.

Drei Formen väterlicher Arbeit im bzw. außer Haus sind zumindest prinzipiell denkbar: der Hausvater, der Außerhausvater und der Teilzeitvater.

# Hausvater

Ich will kein Hausvater sein. Ich wollte es nie und kann auch niemanden verstehen, der unbedingt »Hausmann« sein möchte. Ich hasse Hausarbeit in jeder Form: Spülen, Waschen, Saubermachen – welch ein Elend verbirgt sich hinter diesen Tätigkeiten, welch ein schlechtes Vorbild gebe ich für meine Tochter ab, wenn ich mich solchen Ärgernissen tagtäglich verschreibe, als gäbe es nichts Wichtigeres auf der Welt zu erledigen! Kein Kind auf der Welt hat es besser, wenn es seinem Vater schlechter geht, so sage ich mir. Und dann: Wer dankt es einem? Kein Mensch interessiert sich dafür, wer im Haushalt alles blitzeblank hält, allenfalls dafür, ob es der Fall ist.

Ich glaube den Frauen, die diese Arbeit ebenso hassen wie ich, die lieber hinausziehen in die weite Welt und Siebene auf einen Streich erlegen wollen, als zu Hause Kaffeeflecken aus Teppichen zu scheuern. Den Hausmännern, die sich in aller Öffentlichkeit einem Millionenpublikum vorm Fernseher darbieten, als hätten sie soeben erst ihr Geschirrtuch aus der Hand gelegt, denen, die da behaupten, wie tief es sie befriedige, ihr eigener Herr und Hausmeister zu sein, glaube ich *nicht*. Die subtile Mißachtung, die diesen Hausvätern als mildes Lächeln entgegenschlägt, gönne ich ihnen nicht, aber verdient haben sie sie für ihre Unaufrichtigkeit doch. Ich glaube diesen Vätern nicht, daß ihnen die Hausarbeit Spaß macht, deren banale Ergebnisse durch den grauen Alltag immer aufs neue zunichte werden. Hausarbeit ist Glanz ohne Gloria, warum sollte dies eine erfüllende Aufgabe sein? Hat sich an den Inhalten irgend etwas geändert, wenn Hausarbeit von Männern statt von Frauen verrichtet wird?

Ein Journalist erzählte mir von seiner Zeit als Hausmann, die ihn zusammen mit seiner Tochter rund um die Uhr zu Hause sah und seine Frau im Berufsleben als agile, erfolgreiche Geschäftsfrau. Als freier Journalist, der im ersten Hausmann-Jahr nur noch gelegentlich, bald gar nicht mehr arbeitete, wurde er materiell abhängig von seiner Frau, deren Einkünfte die kleine Familie finanziell absicherten. Die drei Jahre als Hausvater waren für ihn allein durch die intensive Beziehung zu seiner Tochter erfüllend. Doch der Verlust seiner materiellen Eigenständigkeit begann ihn zu ängstigen. Zugleich überkamen ihn Zweifel, ob er seine beruflichen Fähigkeiten ohne die ständige berufliche Routine nicht einbüßen würde. Schon bald traute er sich nicht mehr zu, seinen Beruf auszuüben.

Inzwischen aber hatte sich seine Frau in einen anderen Mann verliebt, fast schlagartig zerbrach die Ehe. Die Tochter lebt seitdem bei der Mutter, obwohl das Mädchen sie bis dahin nur nach Feierabend und am Wochenende erlebt hatte.

Diese Geschichte zeigt, daß der Rolle des Hausmanns alle Nachteile anhaften, die uns aus Hausfrauenbiographien bekannt sind: die materielle Abhängigkeit vom berufstätigen Partner; die emotionale Abhängigkeit von den Kindern, die zum ein und alles werden; die Hospitalisierung als Heimchen am Herd, verbunden mit Selbstunsicherheit, Isolation, beruflichem Identitätsverlust und Zukunftsangst.

Hausarbeit sollte gerecht auf möglichst viele Schultern verteilt werden, damit sie erträglicher wird, und ich bin bereit, mein gerecht bemessenes Schärflein dazu beizutragen, nicht mehr, nicht weniger. Es gibt Dinge, die ich lieber tue, für die ich bezahlt werde, die einen kreativen

Anteil, manchmal sogar Glücksmomente beinhalten. Mitunter gelingt mir etwas besonders gut, und siehe da, andere finden das ab und zu auch. Warum sollte mir das nicht fehlen – in Anbetracht von überlaufenden Mülleimern, verdrecktem Geschirr, Kaugummiresten im Teppich und Motten in den Rosinen? Plagen, die allesamt nur bemerkt werden, wenn sie vorhanden sind, nicht aber, wenn sie hinweggezaubert wurden, im Schweiße meines Angesichts!

## Außerhausvater

Ich will auch kein Außerhausvater sein, der klassische Ernährervater, den heute so viele satt haben, der aber nach wie vor der Regelfall und damit Norm-Vater ist.

Am liebsten würde ich mich der sogenannten Arbeitswelt komplett entziehen, einem Bereich schließlich, den man sich ungesünder kaum denken kann. Ich werde freßsüchtig, bekomme Hämorrhoiden und Kopfschmerzattacken, wenn ich viel (außer Haus) arbeite. Aber was habe ich in der Welt der Arbeit für das kurzatmige Hinaufstürzen der Karriereleiter zu gewinnen außer den üblichen Hosenbandorden mit eingebautem Herzinfarktauslöser?

Und dann: Nicht nur das Heimchen am Herd, auch wer dauernd aushäusig arbeitet, vereinsamt. Berufliche Beziehungen sind in aller Regel höchst ambivalent, von vornherein durchtränkt, wenn nicht vergiftet, durch Abhängigkeiten und strategisches Verhalten aller Mitstreiter/innen.

Die Verletzbarkeit im Berufsleben ist groß, überall lauern freundlich grinsende Heckenschützen, die ihr Gewehr im Verborgenen schon auf einen anlegen, um sich ihren Weg nach oben in der Hierarchie freizuschießen. Sicher, wer oben anschlägt, haut den Lukas und kann vergessen, wie oft im Berufsleben er selbst schon der Lukas war. Doch der Preis für dieses katzbuckelige Stufenprogramm ist Arbeit, Arbeit, Arbeit. Und die Isolation von der eigenen Familie. Der Preis ist mir zu hoch.

## Teilzeitvater

So bin ich denn ein Teilzeitvater geworden, einer, der rechtshändig ein wenig Geld verdient und es linkshändig mit und ohne Kind wieder ausgibt; einer, der teilzeitlich im Berufsleben und in der Kinderversorgung dilettiert. Ich probiere also, den Kompromiß zwischen Haus- und Außerhausvater zu leben.

Etwas Seltsames ist dabei geschehen: Gerade beruflich riskiere ich heute mehr als zu Zeiten ohne Kind. War ich früher ängstlich darauf bedacht, keine auch noch so kleine berufliche Chance auszulassen, stelle ich heute fest, daß ich diverse sogenannte sichere, auch recht gut bezahlte Jobs an mir vorüberziehen lasse, einfach, weil ich andere Dinge lieber tue. Der Grund für diese nur vordergründig dem Lustprinzip frönende Prioritätensetzung ist, daß ich es mir, seitdem ich Vater bin, nicht mehr leisten kann, an meinen ureigenen Bedürfnissen vorbeizuleben. Mir fehlt die Zeit dazu, mich in einem Brotberuf zu verdingen und nebenher noch meinen eigentlichen beruflichen Neigungen nachzugehen. Wenn ich in meinen beruflichen Halbtagsaktivitäten nicht unmittelbar auf meine Bedürfnisse achte, lebe ich ganz und gar an ihnen vorbei, denn nach Feierabend harrt meiner nicht etwa das noch unabgeschlossene Manuskript, das ich schon immer mal fertigstellen wollte, sondern es wartet meine Tochter auf mich, damit ich sie vom Kindergarten abhole!

Im selbstfabrizierten gemeinen Glück (oder Unglück) liegt vielleicht der entscheidende Vorteil von Teilzeitvätern gegenüber Haus- und Außerhausvätern. Denn Haus- und Außerhausväter sind nicht dazu da, sich auszuprobieren. Sie sollen ihren Job im oder außer Haus tun, sie sollen eine alte Norm (Außerhausvater) oder ein neues Klischee (Hausvater bzw. »Hausmann«) vom richtigen Leben als Mann und Vater erfüllen – basta!

Andererseits bin ich als Teilzeitvater nichts »richtig«, meine Arbeitszeit reduziere ich, um teilzuhaben am Aufwachsen meiner Tochter (und vielleicht noch weiterer Kinder) – mit der Gewißheit, daß meine berufliche Karriere von anderen gemacht wird. Dieses Schicksal teile ich mit dem Hausvater. Denn die Arbeitswelt, ich sagte es schon, verlangt, wenn er Karriere machen will, den ganzen Vater; die Karriere ist schon gefährdet, wenn er nur zu oft an zu Hause *denkt*.

Das systembedingte erste Gebot der Berufswelt – »Du sollst keinen anderen Gott neben mir haben!« – wirkt sich im übrigen auf die Einstellungen aller »Beschäftigten«, »Kolleginnen und Kollegen«, gleichermaßen aus. Für Männer ist ohnehin alles beim alten geblieben: Auf der Jagd nach Selbstwert und Anerkennung gibt es nur einen Weg – hinaus ins Feld, das Gewehr geschultert, den Rücken gestrafft, wenngleich, seien wir ehrlich, den Schwanz eingerollt!

Denn Männer sind in der Regel sozial stark angepaßte Persönlichkeiten, Sozialisationsprodukte einer Arbeitswelt, die definiert ist durch die hierarchisch organisierte Belohnung (durch soziale Integration und Aufstieg) von Konformismus und die Bestrafung (durch soziale und berufliche Ausgrenzung) nonkonformistischen Verhaltens. Aufgrund der Angst, wegen sozial unangepaßter Verhaltens- und Denkweisen zum Außenseiter zu werden, sind gerade die »ganz normalen Männer«, Familienväter mithin, zu nahezu jedem nur denkbaren unsozialen Verhalten fähig – »wenn's sein muß«, auch ihren eigenen Familien gegenüber.

Die vielbeklagte Flucht von Vätern vor der Verantwortung ihren Frauen und Kindern gegenüber erklärt sich aus diesem Blickwinkel gleichsam als Antrittsgeschenk an die Berufswelt, als ängstlich-opportunistische Preisgabe der eigenen Familie, die sie schon als Jungen mit der häuslichen Welt der Frauen gleichzusetzen gelernt haben. Wer sich von ihr nicht »frei macht«, aus dem kann unter Männern nichts werden – respektive: der gilt unter Männern nichts. Das ist die Regel noch immer.

Mit großer Überraschung stelle ich aber fest, daß nicht nur Männer mit Unverständnis oder gar Spott reagieren, wenn ich der Familie wegen meine beruflichen Pflichten (oder was dafür gehalten wird), sagen wir, relativiere. Es ist noch nicht lange her (und wird hoffentlich nie mehr nötig sein), da war ich wegen eines Wissenschaftsbeitrags fürs Fernsehen längere Zeit unentwegt im Einsatz, so daß sogar meine Mutter quer durch die Republik angereist kommen mußte, um an meiner Statt das Kind zu hüten, da auch Eva beruflich unabkömmlich war. Gedreht wurde von Dienstag bis Freitag, am Samstag und Sonntag saß ich mit der Graphikerin an der tricktechnischen Bearbeitung des Films, früh am folgenden Montagmorgen begann der Schnitt. Und prompt beschwerte sich die Cutterin bei mir darüber, daß sie für das Schneiden der Bildeinstellungen jeweils ein wenig im Filmmaterial hin- und herfahren mußte. Sie wollte mir partout nicht durchgehen lassen, daß ich am Freitagabend, statt mir die »Timecodes« des Kameramaterials zu notieren, nach Hause gefahren war, um meine Tochter wenigstens ins Bett zu bringen, wo ich sie die ganze Woche über schon kaum gesehen hatte. »Na dann kann man das von Ihnen ja nicht verlangen«, sagte sie und verdrehte mißbilligend die Augen. An den folgenden Tagen ging sie dann dazu über, an den gesamten Filmaufnahmen herumzumaulen – und brachte dies in irgendeiner Weise immer mit meiner Vaterschaft in Verbindung – »... dann kann man das ja nicht von Ihnen verlangen«.

Die Sache war die: Ich hatte ihr mit meiner familiären Zuständigkeit eine berufliche Blöße geboten, in die sie nun hemmungslos hineinstieß. Für diese Cutterin war ich beruflich gar nicht ernstzunehmen, aber glücklicherweise konnte sie auf mich ihren gesamten eigenen Frust (über die Arbeitszeiten, über die neuen Produktionsbedingungen, über ihr Rheuma, über ihre pflegebedürftige Mutter, mit einem Wort: über ihre Einsamkeit) abwälzen.

Das Bedürfnis von Vätern nach familiärer Zugehörigkeit oder gar Symbiose steht freilich nicht nur im Widerspruch zum Verlangen der Arbeitswelt nach dem ganzen Mann, es steht auch ganz und gar nicht auf der Speisekarte, die selbsternannte Familienexperten für Väter bereithalten.

## Väter als Störer und Retter – Das Versagen der Psychologie an der Vaterrolle

Wozu sind Väter nütze? Ein Riesenfachkongreß mit 3500 Psychologen, Psychotherapeuten und Ärzten, die »Lindauer Psychotherapiewochen« im Frühjahr des Jahres 1994, rang sich am Ende zu der verstörenden Aussage durch, daß »die wichtige Rolle von Familienvätern« darin bestehe, »Störfaktor« zu sein. »Sie dringen immer wieder in die Mutter-Kind-Beziehung ein und verhindern damit eine zu große seelische und körperliche Nähe.«[2] Aufgrund der engen Mutter-Kind-Beziehung in den ersten Jahren nach der Geburt sei der Vater als Störfaktor eine psychische Notwendigkeit; eine zu einseitige Bindung an die Mutter könne bei Kindern später seelische Störungen verursachen.

Das Resultat dieses Fachkongresses, mit aufklärerischem Impetus dem öffentlichen Bewußtsein eingeblasen, steht ganz in der Denktradition psychoanalytisch orientierter Entwicklungspsychologie, für die die »Mutter-Kind-Dyade« gleichsam die (an-)geborene Zweisamkeit darstellt. Der Vater, meinte auch John Bowlby, in den fünfziger Jahren Experte der Weltgesundheitsorganisation (WHO) in Kinderfragen und einer der einflußreichsten Entwicklungspsychologen unseres Jahrhunderts, der Vater sei von »keinerlei direkter Bedeutung« für die Entwicklung des Kleinkindes, er sei allenfalls indirekt nützlich, zur finanziellen Absicherung der Familie und als emotionale Stütze der Mutter.

Letztlich ist der väterliche Störenfried nur eine ungeschickt formulierte Variante des Vaters als Retter des Kindes aus den verschlingenden Armen der Mutter, wie sie uns auch in neueren psychoanalytischen Ansätzen noch, etwa im Anschluß an die Theorie der Mutter-Kind-Symbiose[3], entgegentritt. Die Symbiose, lernen wir auch hier wieder, hat einen Haken, mit dem das Kind dergestalt an die Mutter gekettet ist, daß es den Vater braucht, um ihm den Weg aus dem mütterlichen Urschleim zu weisen.

Während die Mutter das Kind gefühlstriefend an sich kettet, kommt der Vater auf seinem strahlenden weißen Pferd einhergeritten und zeigt dem Kind die aufregende weite Welt. Die Mutter verkörpert Bindung, Passivität und Zurückhalten des Kindes, der Vater verheißt ihm Unabhängigkeit und den Duft von Freiheit und Abenteuer. »Väter sind interessanter als Mütter – aber Mütter sind ›mehr gut‹«[4], – damit diese (grausam formulierte) Verblendung wirkt, ist freilich die herkömmliche Geschlechterteilung bei der elterlichen Fürsorge Voraussetzung, »wobei die Mutter die wichtigste ernährende Figur ist, verbunden mit Abhängigkeit, Innenwelt und Sicherheit«.[5] Mit solchen Konstrukten über den Geschlechtsunterschied wird die Idealisierung des Vaters als Repräsentant der Welt bzw. die Entwertung der Mutter als Hort von Passivität und Innerlichkeit natürlich blindlings fortgeschrieben.[6]

Jahrzehntelang kaprizierten sich Psychologen denn auch ganz auf die Rolle der Mutter und stellten sie an den Pranger, wann immer sie entbehrt wurde oder sich auf andere Weise rabenhaft verhielt. Vom Vater war kaum die Rede. Wer noch in einem neueren Lehrbuch für Entwicklungspsychologie das Stichwortverzeichnis aufschlägt, findet unter »Vater« keinen Hinweis und unter »Mutter« das Stichwort: »Mutterdeprivation«.[7]

Erst seit den siebziger Jahren wird der Vater auch wissenschaftlich als Bezugsperson des Kindes entdeckt und beforscht wie ein Eisbär in der Wüste. Das überraschende Ergebnis: Väter bringen prinzipiell alle notwendigen Voraussetzungen mit, ein Kind von Geburt an zu betreuen und zu versorgen; Väter erwiesen sich als einfühlsam, kompetent und erfolgreich. Nicht einmal in der vermeintlich ureigenen Domäne von Müttern, dem Füttern, zeigten sich Unterschiede, da die Kinder (»Flaschenkinder«, versteht sich) beim Vater ebensoviel Milch konsumierten wie bei der Mutter.[8]

Entscheidend ist hier nicht, daß sich der Vater realiter bis heute kaum als gleichwertige Bezugsperson neben der Mutter aufdrängt – wir wissen, daß das Gegenteil der Fall ist –, sondern daß er es der *Möglichkeit* nach ist. Der Vater war damit zwar nicht präsenter in der Familie als vor solchen Untersuchungen, aber er war theoretisch nicht mehr wegzu*denken*, da ihn die moderne Kleinkindforschung[9] irritierenderweise mit allen wichtigen »mütterlichen« Verhaltenspotentialen ausgestattet sah.

Bei der Beschwörung der »Mutter-Kind-Symbiose«, ob im psychoanalytischen Lehrbuch oder in den Verlautbarungen von Expertenkongressen, handelt es sich daher um einen interessanten Fall von kollektiver Umdeutung der Wirklichkeit. In bestimmten Therapieverfahren als Technik gern verwandt, würde der Laie dazu sagen: für dumm verkaufen. Die beklagte, zu starke Mutter-Kind-Symbiose, in die der Vater zum Wohl des Kindes einbrechen soll, ist ja in Wahrheit das Ergebnis seiner meist freiwillig, seltener unfreiwillig gewählten physischen Abwesenheit und seiner emotionalen Distanz. Zudem entspricht die angeblich Jahre währende, klebrig-süße Mutter-Kind-Dyade, wenn sie es denn je tat, auch ohne Vater längst nicht mehr der familiären Realität. Oft ist schon ab dem ersten Lebensjahr des Kleinkindes außer dem Kanarienvogel und der Katze niemand mehr zu Hause, denn nicht nur der Vater, auch die Mutter arbeitet zunehmend außer Haus, und das Krippen-, Kita-, Hort- und Schulkind hat häufig bereits einen ebenso vollgepfropften Terminkalender wie seine Eltern. Die Mutter-Kind-Dyade ebenso wie die Mutter-Vater-Kind-Triade werden also frühzeitig durch neue, nichtfamiliäre Erziehungsinstanzen relativiert. Schon deshalb ist die Rolle als »Störfaktor« einigermaßen obsolet, »Störungen« gibt es bereits zur Genüge.

Die Rolle des Vaters in der Familie, der störend, also als Aggressor in die Beziehungen ihrer Mitglieder einbricht, ist überdies sattsam bekannt und gerade in den beiden letzten Jahrzehnten zu Recht angeprangert worden. Es grenzt in der Tat an pathogene Wirklichkeitsumdeutung, wenn die Rolle des destruktiven Störers, der die Grenze der anderen Familienmitglieder mißachtet und dabei seine eigenen Grenzen machtvoll überschreitet, nun als positiv gestaltendes Element der Familiendynamik verkauft werden soll. Der um der Befreiung des Kindes aus den Armen der Mutter willen »störende« Vater dürfte vielmehr reichlich ver-störende Wirkung haben und ist keinem Kind als Alltagsrealität zu wünschen. Und um noch eine ganz persönliche Einschätzung hinzuzufügen: Auch für Väter birgt diese Rolle keinerlei Attraktivität – denn wer möchte schon gerne permanent stören?

## Wozu brauchen Töchter einen Vater?

Die Kleinkind-Forschung weiß zu berichten, daß Kinder sich ihre »Bindungspersonen«, mithin Vater und Mutter, zu unterschiedlichen Zwecken erziehen. Jedes Kind bevorzuge eine Bindungsperson, wenn es sich unwohl fühle, und andere Bindungspersonen für angenehmere Lebenslagen, zum Spielen etwa.[10] Das Spielen gilt als Sport der Väter, das Trösten als Beruf der Mütter. Dabei können Väter, soviel wissen wir immerhin, »signifikante Bezugspersonen für ihre Kinder werden, wenn sie ausreichend Zeit mit diesen verbringen« – doch »signifikant« in welcher Weise? Die Erforschung der Rolle des Vaters zum Beispiel für die geistige Entwicklung des kleinen Mädchens gebiert Mäuse folgender Art: »Weder die Vaterabwesenheit noch das Ausmaß seines Engagements wirken sich auf die kognitive Entwicklung der Tochter in den ersten Lebensjahren aus.« So »scheint die Einflußnahme des Vaters auf die kognitive Entwicklung seiner Tochter erst in einer späteren Entwicklungsphase relevant zu werden.«[11] Doch wann? Und was tue ich mit meiner Tochter in der Zwischenzeit, und überhaupt? Seit wann stellt die Begegnung zweier Menschen nicht per se eine intellektuelle Weiterentwicklung für beide dar?

Das verdienstvolle Standardwerk zur Vater-Wissenschaft aus der Feder des Familienforschers W. E. Fthenakis weist noch eine Reihe weiterer Forschungskuriositäten aus, etwa, daß »väterliche Freundlichkeit, nicht aber eine enge Vater-Kind-Beziehung oder starke Zuneigungsbekundungen mit der Intelligenz sieben- bis neunjähriger Mädchen zusammenhängen, während dies bei Jungen nicht der Fall ist«.[12] Andere Forschungen widersprechen dem Befund, und wieder andere fanden, daß selbst die Zurückweisung durch den Vater nur den schulischen Leistungen von Jungen, nicht aber denen von Mädchen schade.[13]

Wir sehen, die Forschungslage ist nicht nur dürftig, sondern auch äußerst widersprüchlich, um nicht zu sagen chaotisch.

Noch einmal: Wozu brauchen Töchter ihren Vater? Schon Freud hatte sich haareraufend die Frage gestellt, welche Bedeutung der Vater für die seelische Entwicklung der kleinen Tochter haben könnte, und er sah zunächst – wenig originell – die Lösung in einer glatten Parallelentwicklung zum Jungen, dessen erste und wichtigste Bezugsperson die Mutter sei. Daher sei für das kleine Mädchen das erste Objekt der Begierde sein Vater. Um die Jahrhundertwende schreibt Sigmund Freud in der *Traumdeutung* mit der ihm eigenen Nüchternheit: »Die erste Neigung des Mädchens (gilt) dem Vater, die ersten infantilen Begierden des Knaben (gelten) der Mutter.«[14]

Bei dieser Auffassung bleibt es nicht. Gut dreißig Jahre später, in seinem Aufsatz *Über die weibliche Sexualität*, muß er kleinlaut zugeben: »Alle Erwartungen eines glatten Parallelismus zwischen männlicher und weiblicher Sexualentwicklung haben wir ja längst aufgegeben.«[15] Was bleibt, ist berühmt gewordene Ratlosigkeit: »Was will das Weib?« Trotz dreißig Jahre langen Forschens in der weiblichen Seele, gesteht Freud, habe er diese Frage nicht beantworten können.

Die Einführung des patriarchalischen Mythos von Ödipus als Metapher für die Entwicklungskonflikte des kleinen Mädchens unter dem Tarnnamen »Elektrakomplex« haben wir denn auch nicht Freud, sondern seinem abtrünnigen Schüler Carl Gustav Jung zu verdanken.[16] Freud hatte immerhin erkannt: Vor der Liebe der Tochter zum Vater war die Liebe der Tochter zur Mutter – und nicht umgekehrt. Was bleibt uns also von Freuds Beobachtungen zu Vater und Tochter? Im frühen Kindesalter die primäre Liebe der Tochter (wie des Sohnes) zur Mutter und – der Penisneid mit seinen schicksalhaften Folgen für die weibliche Psyche.

Seit einigen Wochen, im Alter von knapp drei Jahren, sprach Lilli vom Penis. Von meinem Penis.

»Wo ist der Penis?« fragte sie mich eines Tages, während sie mir beim Duschen zuschaute und intensiv mein Glied musterte.

»Hab' auch einen Penis!« sagte sie stolz, in den Händen die zwei Stoffgürtelenden ihres Bademäntelchens.

»Du brauchst doch gar keinen Penis«, antwortete ich überrascht, irritiert. »Du hast doch deine Scheide.«

»Nein, hab ich Penis. Guck!«

Sie hatte recht, wie eine Scheide sahen die beiden baumelnden Stoffenden in ihrer Hand wirklich nicht aus.

Warum will meine dreijährige Tochter einen Penis?

Was hat der berüchtigte »kleine Unterschied«, der physiologische Geschlechtsunterschied, mit meiner Vaterschaft zu tun?

Der »Penisneid« des kleinen Mädchens, wenn es den Unterschied zwischen seiner Scheide und dem Penis von Jungen und Männern entdeckt, gehört zu den umstrittensten Stützpfeilern der Psychoanalyse. Freud selbst wußte diese Entdeckung wie die gesamte psychosexuelle Entwicklung des Mädchens nicht recht einzuordnen. »Freud hatte gesagt, die Klitoris sei ein verkümmerter Penis«, stellte einmal die Psychoanalytikerin Marie Langer-Glas fest; »die moderne Embryologie sagt, der Penis sei eine gewucherte Klitoris. Ich weiß nicht, was besser oder schlechter ist, es klingt so oder so schäbig.« [17]

Gleichwohl, für Freud verknüpfte sich das Gefühl der kleinen Tochter, zu kurz gekommen zu sein, unwiderruflich mit der nach seiner Auffassung amputierten körperlichen Ausstattung des Mädchens: »Die Anatomie ist das Schicksal.« Im Groll gegen die Mutter, die das Mädchen für seine Kastrierung verantwortlich mache, wende es sich dem Vater zu, von dem es als Penisträger hoffe, einen ebensolchen zu bekommen oder doch ersatzweise wenigstens ein Kind von ihm. Daß Freud noch am Ende desselben Aufsatzes [18] zugestand, seine Einsichten in die Entwicklungsvorgänge beim Mädchen seien »unbefriedigend, lücken- und schattenhaft«, hat ihn dennoch nicht vor der berechtigten Kritik bewahrt, er stelle Mädchen und Frauen lediglich als minderwertige Jungen und Männer dar.

Einleuchtender erscheint mir eine ganz andere Perspektive: Der »kleine Unterschied«, den das Mädchen traditionellen Psychoanalytikern zufolge angeblich als Verlust, als »Penisneid« wahrnimmt, wird zum großen, bedeutsamen Unterschiedsmerkmal ja erst durch die soziokulturelle und ökonomische Benachteiligung von Mädchen und Frauen in der gesellschaftlich produzierten Geschlechterhierarchie. Die Geschlechtsidentität ist deshalb von klein auf unmittelbar mit der Machtposition der Geschlechter verwoben, ja durch sie definiert. [19] Der Penisneid steht somit allenfalls symbolisch für die vergleichsweise machtvollere soziale Position des männlichen Geschlechts (!), und in der Konstellation zwischen

Tochter und Vater finden die Geschlechterverhältnisse ihr extremstes Machtgefälle, denn zu der Geschlechtsdominanz tritt nun auch noch die Altersdominanz des Vaters gegenüber der Tochter.

Als Väter stehen wir also aus der Perspektive unserer Töchter auf der anderen Seite, der Seite der Macht. Schon deshalb ist es unangemessen, die Beziehung zwischen Vater und Sohn beispielhaft für andere Verhältnisse in der Familie zu halten, wie dies selbst Alexander Mitscherlich, der wohl einflußreichste deutschsprachige Vaterforscher der Nachkriegszeit, in seiner Studie über die »vaterlose Gesellschaft« [20] getan hat. Die Unterschiede der Situation von Söhnen und Töchtern in Familie und Gesellschaft dürfen nicht verwischt werden: Während sich dem kleinen Jungen die Mutter – zunächst rein physiologisch – als das »andere Geschlecht« offenbart, verkörpert natürlich der Vater dieses Prinzip des Unterschieds für seine Tochter. Der Vater ist für seine Tochter ein Urbild »des Anderen«, des Andersgeschlechtlichen. *Wie* er dies ausfüllt – ob fördernd oder hemmend, konstruktiv oder destruktiv, kreativ oder starr –, darin scheint mir eines der ureigenen Gütekriterien als Tochtervater zu liegen.

Diese Feststellung ist freilich mehr plakatives Programm denn handlungsleitende Erkenntnis, und so erhebt sich im grübelnden Tochtervater die Frage: Was mute ich meiner Tochter mit meiner Person zu? Psychotechnisch gesprochen: Was für ein Verhaltensmodell als Mann lebe ich meiner Tochter vor? Welche väterlichen »Lektionen fürs Leben« erteile ich meiner Tochter, bedacht oder unbedacht? – Viel wäre wohl schon gewonnen, wenn ich als Tochtervater anders geeicht worden wäre, als es nun einmal der Fall war.

# Prägungen

## *Wie man Tochtervater wird*

Für meine Aufgabe als Tochtervater bin ich denkbar schlecht gerüstet. Befangen in der Erfahrungswelt männlicher Denkweisen und Orientierungen bewege ich mich in der Beziehung zu meiner Tochter wie der Stier auf dem Glatteis. Im Zweifel ob meiner eigenen Verwendung und darüber, was aus dem Mädchen eigentlich werden soll, stehen mir allenfalls Klischees von »Weiblichkeit« zur Verfügung: Feministischen Modellen auf der einen Seite, die mangels eigener hautnaher Betroffenheit notwendigerweise abstrakt sind, stehen traditionelle Geschlechtsrollenstereotype gegenüber, mit denen ich aufgewachsen bin. Ein unausgegorenes Gemisch widerstreitender Gefühle und verwaschener Einstellungen. Selbstgewißheit in der Beziehung zur Tochter ist so gewiß nicht zu erzielen.

Im allgemeinen aber *glauben* Väter zu wissen, »wie Mädchen sind« oder wie sie sein sollen. Der Regelfall dürfte sein, daß sie sich ein klischeehaftes Ideal von ihrer Tochter entwerfen, ohne sich bewußt Rechenschaft darüber abzulegen – und dies bemerken sie, wenn überhaupt, erst dann, wenn die Tochter dem väterlichen Ideal nicht entspricht. Väter schätzen weit mehr als Mütter »Weibliches« an ihren Töchtern. Väter mögen das Flair des Femininen, das an »mädchenhafter« Kleidung haftet.[1]

Feministinnen wie Ursula Scheu halten dies keineswegs für harmlos, die Psychologin sieht darin einen Hinweis darauf, daß Väter ihre Töchter in erster Linie als Sexualobjekte betrachten.[2] Diese Auslegung kommt mir übereilt vor und ist in ihrer Generalisierung ohne Rechtfertigung. Die »Marotte«, daß Väter an ihren Töchtern schon rein äußerlich »Weibliches« schätzen, verrät vor allem die klischierte männliche Vorstellung davon, wie Mädchen »sind« oder sein sollten.

Der erste Schritt zur Selbstverständigung des Tochtervaters kann daher nur die Spurensuche sein, das Aufspüren der eigenen geschlechtsspezifischen, vielleicht auch milieutypischen Prägungen, die ich als Rüstzeug mit in die Vaterschaft trage, ob ich es will oder nicht, bewußt oder unbewußt.

## Wie wachsen Mädchen auf?
## Die getrennten Lebenswelten der Geschlechter

Es ist wohl eine für Väter recht typische Erfahrung, wenn sie sich an die Mädchen, die bis zur Pubertät in ihrem Umfeld, in Nachbarschaft und Schule ihre Wege gekreuzt haben, nur oberflächlich erinnern. In meinem Fall, muß ich gestehen, betraf die Ignoranz gegenüber dem Aufwachsen von Mädchen selbst die eigene Schwester.

Meine Schwester Josephine ist zwei Jahre älter als ich. Wie Mädchen aufwachsen, weiß ich durch sie; ein exemplarisches, oberflächliches, beiläufiges Wissen, ich habe es nie bewußt zur Kenntnis genommen. Schemenhaft erinnere ich mich heute etwa an die Einrichtung ihres Zimmers: ein großer Spiegel, eine niedrige Kommode davor, an der Wand ein Sommerhut, ein blumenreiches Bild nicht weit davon. Eine Puppe auf dem Stuhl in der Ecke, *die* Puppe ihrer Kindheit, die blonden Haare ausgerissen oder verwüstet, das linke Augenlid ständig heruntergeklappt, auch Puppen kommen ins Alter. Ein Mädchenzimmer, das sich von anderen kaum und selbst von vielen Frauenzimmern (i.e. Zimmern erwachsener Frauen), die ich später kennenlernen sollte, nicht wesentlich unterschied. Die Einrichtung war mir gleichgültig. Ich neidete Josephine das Zimmer, es führte auf den Balkon, ließ sich bei gutem Wetter gleichsam verdoppeln.

Ich bemerkte natürlich ihre körperlichen Veränderungen während der Pubertät, daß sie jetzt Binden brauchte und BHs und andere Accessoires der Weiblichkeit – ich registrierte dies nur beiläufig. Meine eigene Pubertät absorbierte fast meine gesamte Energie. Das Aufklärungsbuch, das ich eines Tages zufällig neben ihrem Bett liegen sah, interessierte mich im eigenen Interesse. Ich erinnere mich noch an den abgegriffenen grauen Hardcover-Einband und das Kapitel »Kleidung«. Enge Hosen wurden weder für Mädchen noch für Jungen empfohlen. Für Mädchen schickten sie sich nicht und seien zudem beim Bindenwechseln, besonders unterwegs, höchst unpraktisch. Für Jungen stellten sie eine Gesundheitsgefährdung dar: Enge Hosen könnten zu einer beständigen sexuellen Reizung des heranreifenden Jungen führen, und die Quetschung der Hoden eine Beeinträchtigung ihrer Funktion nach sich ziehen, bis hin zur Zeugungsunfähigkeit. Ich legte das Buch enttäuscht an seinen Platz zurück. Die »beständige sexuelle Reizung« kannte ich ja schon, und die angedrohte Zeugungsunfähigkeit erschien mir damals im Sinne einer effektiven Verhütung nicht eben unpraktisch zu sein.

Es gibt Fotos, die Josephine und mich engumschlungen nebeneinander stehend zeigen. Zwei einträchtig strahlende Kindergesichter blicken in die väterliche Kamera, die ich später erben sollte. Josephine und ich waren damals zwei und vier Jahre alt. Ich erinnere diese Zeit nicht mehr. Als Jugendliche lebten wir aneinander vorbei. Es gab immer weniger Gemeinsamkeiten. Ich ging weiter zur Schule, als Josephine bereits eine Lehre absolvierte. Sie wurde »Kaufmann« in einem Großhandel.

Die Entscheidung für eine Berufsausbildung war ihr nicht leicht gefallen. Damals gab es zur Erleichterung der Berufswahl Lesematerial, und ich habe mir einmal die Mühe gemacht, eine zeittypische »Berufsfibel für Mädchen« aus den sechziger Jahren anzusehen. Das Cover ziert ein blitzsauberes Mädchen-Teenagergesicht mit Dauerwelle und strahlend weißen Zähnen hinter dezent rot geschminkten Lippen. Aus der »Einführung«: »›Was ich alles möchte‹ / Nun rückt das Ende meiner Schulzeit heran. So oft habe ich mich danach gesehnt, als es noch ferne leuchtete wie das goldene Land der Freiheit, wie die Erfüllung aller meiner Träume. Und nun, da ich endlich davorstehe, wird mir fast bange, und ich weiß nicht mehr recht, was nachher werden soll. Ich möchte ja so vielerlei! Natürlich später dann einmal heiraten, ein eigenes Heim und eigene Kinder haben. Aber dazu bin ich ja jetzt noch zu jung. ... Bald und gut verdienen möchte ich, um wirklich frei zu sein und mir ein angenehmes Leben leisten ... eine schöne Aussteuer anschaffen zu können ... Und manchmal kommen mir ganz andere Träume: Da sehe ich mich als Pflegerin und Betreuerin kranker, hilfsbedürftiger Menschen, die mir dankbar sind und mich gern haben.« (Auch Josephine wollte eine Zeitlang Krankenschwester werden.)

Damals langweilte mich Josephines berufliches Rätselraten auf die Dauer nicht minder als Robert Lembkes »Heiteres Beruferaten« im Fernsehen. Es betraf mich nicht, ich spielte Fußball oder hatte zu lernen. Daß Josephine ihre Ausbildung zum Kaufmann begann, merkte ich neben der Tatsache, daß sie sich nun in der Familie einen hektisch-rabiaten Kommandoton zulegte, auch daran, daß sie stillschweigend den größten Teil ihrer bisherigen häuslichen Arbeiten rigoros ablehnte. Bis dahin betrachtete ich es als vollkommen selbstverständlich, daß sie kochte und wusch, wenn Mutter krank oder außer Haus war.

Josephines Verhältnis zu Vater war sachlich, nüchtern. Das schien mir eine Menge wert zu sein. Er schien sich weder besonders für sie zu interessieren, noch regte er sich über sie auf. Mit mir hingegen stritt er ständig herum. Gab es irgend etwas, das ich in seinen Augen nicht falsch machte? So wenig, wie es etwas gab, das er in meinen Augen richtig machte. Unser Motto war die Rivalität, unser Alltag der Kampf ums Rechthaben. Josephine ging ihrer Wege, Vater mischte sich da nicht ein, das war Mutters Angelegenheit.

Jungen (viele von ihnen werden einst Väter von Töchtern sein), ob sie nun mit oder ohne Schwestern aufwachsen, erleben Mädchen als Angehörige fremder Welten. Die Trennung der Geschlechter setzt früh ein, meist bereits nach dem zweiten Lebensjahr, und sie verfestigt sich mit dem Schulalter.[3] Gruppen gleichaltriger Jugendlicher sind überwiegend geschlechtshomogen, erst als Paare finden Jungen und Mädchen wieder enger zueinander. Jungen- und Mädchengruppen entwickeln eigene Regeln des Umgangs miteinander, schon früh läßt sich eine eigene Semantik der Geschlechter ausmachen. Hören wir nur einmal den Kindern aus Bullerbü zu:

»Eines Tages«, erzählt uns die achtjährige Lisa vom Mittelhof in Bullerbü, das folglich nur zwei weitere Höfe, den Südhof und den Nordhof umfaßt, »eines Tages ... sagte Lasse zu Ole: ›Petruska saldo bumbum.‹

Und Ole sagte: ›Moisi doisi fidibum arrarat.‹«

Lisa, Britta und Inga, die Mädchen von Bullerbü, fragen, was die Jungen damit meinen, und da bekommen sie zu hören, das sei »eine besondere Sprache«, die nur Jungen verständen. Für Mädchen sei sie viel zu schwer.

Lisa freilich läßt sich durch die Sprüche der Jungen nicht blenden und kommentiert trocken: »Sie redeten noch allerhand Unsinn in ihrer Sprache. Schließlich sagte Britta, wir hätten auch eine besondere Sprache, die nur Mädchen verstünden, und dann begannen wir, in dieser Sprache zu sprechen. Wir lagen den ganzen Vormittag im Rübenfeld und sprachen in unseren verschiedenen Sprachen.« [4]

Müssen wir uns da noch über die Kommunikationsbarrieren wundern, die sich auftun, wenn später selbst verliebte Paare aufeinandertreffen wie auseinandergezüchtete Haustierrassen und eine geschlechtstypische Klischeevorstellung auf die andere trifft?

## Richtiger Junge, richtiges Mädchen

Die männlichen Klischeevorstellungen über das vermeintlich Spezifische der Geschlechter stecken tief verborgen in den Einstellungen des Tochtervaters. Ein »richtiger« Junge ist gleich Fußball, Rotznase, Schlammspritzer im Gesicht, auf Bäume klettern und Streiche spielen. Ein »richtiges« Mädchen – wie ist das? Anschmiegsam, anhänglich, anheimelnd, anhimmelnd, abweisend, andächtig, aufmerksam, abwesend? Oder: zart, zögerlich, zurückhaltend, zickig, zänkisch, zärtlich, zierlich, zugewandt, zöpfetragend, zuverlässig, zu?

Da war zum Beispiel Marianne, in meiner Vorstellung als fortgeschritten pubertierender Jugendlicher war sie »ein richtiges Mädchen«. Eines, das später in der Schule mit Fräulein Loimer angeredet wurde, ohne daß es fremd klang. Marianne Loimer ging nicht, sie schwebte. Ihre Ausstrahlung war nicht sinnlich, sie war übersinnlich, ihre Bewegungen wirkten körperlos, zeitlos, aber funktionstüchtig. Später würde sie Geographie studieren und Theologie, und sie würde sich äußerlich kaum verändert haben. Nach der Schule besuchte sie mich einmal. Ich dachte, wir würden wer weiß was miteinander anfangen (ich hatte ein kleines Zimmer, aber ein großes Bett). Doch sie war eben »ein richtiges Mädchen« und ich anscheinend noch kein »richtiger Mann«.

Kurze Zeit darauf hatte ich mein »erstes Mal«, mit Rieke. Sie kam aus Rotterdam, war ein Jahr jünger als Marianne, und die ganze Zeit dachte ich: »eine richtige Frau«. Rieke, so dachte ich damals, war bestimmt nie wie »ein richtiges Mädchen« gewesen. Ihr fehlte ein halber Schneidezahn, und sie machte keinerlei Anstalten, ihn irgendwann zu ersetzen. Als ich Rieke das erste Mal traf, auf einer sturmumwehten holländischen Insel, mitten im Juni, eilte ihr bereits der Ruf voraus, es mit ihren Sexpartnern nicht so genau zu nehmen. Sie erzählte mir von ihren sexuellen Erlebnissen und von ihrem Freund, der mir ähnlich sehe und zur Zeit gerade in einem israelischen Kibbuz stecke. Rieke duftete intensiv nach Gras; sie kiffte unentwegt und küßte atemberaubend ausdauernd. Als wir uns das letztemal sahen und Abschied nahmen, mußte ich feststellen, daß ich mich getäuscht hatte, daß sie es mit ihren Partnern durchaus genau nahm. Sie heulte Rotz und Wasser und konnte es nicht fassen, daß ich es mit ihr nicht so genau genommen hatte. Noch heute verfolgt mich mitunter, ganz selten, wie zur Strafe, das Bild, als wir uns zuletzt umarmten und Rieke dastand, mit hängenden Armen und dem vor Enttäuschung zerfließenden Gesicht.

Es gehört zu den schon klischeehaften Grundsätzen der Pädagogik, »das Kind dort abzuholen, wo es steht«. Das heißt, der körperliche, geistige und psychische Entwicklungsstand eines Kindes entscheidet darüber, welche Lernschritte ihm als nächstes zuzumuten sind. Wo aber stehen Väter, wenn sie von der eigenen Tochter »abgeholt« oder vielmehr eingeholt werden? Sogar dann, wenn wir als Jungen weibliche Geschwister hatten, kennen wir, wie mein eigenes Beispiel zeigt, unter Umständen von der weiblichen Lebenswirklichkeit nur die Oberfläche und bewahren selbst davon nur bruchstückhafte Bilder, die wir ab der Pubertät unter dem Einfluß von Männerbünden zu verzerrten, entwürdigenden Klischees des Weiblichen wieder zusammensetzen.

## Defizitäre Machos

Der Stallgeruch von Männerbünden ist ja unverkennbar. Ich spreche von mal mehr, mal weniger organisierten Gruppen von, sagen wir, mehr als drei unserer Spezies. Jungen- und Männerbünde sind selten leise, häufig raumgreifend, immer aber mit einer rasch ausgemachten Hackordnung versehen: Wer kann am weitesten pinkeln, wer hat die dichteste Schambehaarung, wer fährt das teuerste Auto, wer verdient das meiste Geld, wer hat die tollste Frau, wer hat den schnellsten Tod? Selbst wenn es um ein gemeinsames Interesse geht, gibt es garantiert einen, der für sich in Anspruch nimmt, daß sein eigenes Interesse am gemeinsten sei.

Ich bin weder masochistischer Nestbeschmutzer noch frustrierter Außenseiter in Männerbünden. Ich mag sie nur nicht. Und das gilt auch für die mit Softlan behandelten Aktivisten von sich unter Wettbewerbsdruck »emotional öffnenden« Männergruppen. Eine Vätergruppe würde ich daher eher fliehen als suchen.

Ich habe besonders in der Zeit der beginnenden Pubertät meiner Bekannten und Freunde in Schule, Sportverein und Nachbarschaft alle nur denkbaren, entwürdigenden Bemerkungen über »das andere Geschlecht« im besonderen und allgemeinen mitangehört, und ich muß gestehen, daß ich nur selten protestiert habe, weil ich fürchtete, nicht als »richtiger Junge« dazustehen. Die Fußballspiele der Damen»mannschaft« der heimatlichen Fußballclubs wurden von großen und kleinen männlichen Zuschauern nicht nur hämisch auf »typisch weibliche« Mängel hin kommentiert, sondern die Frauen waren vor allem auch den lüstern-taxierenden Blicken und zynisch-zotigen Bemerkungen von selbsternannten Fachmännern in Sachen Sport und Ästhetik ausgesetzt. Es gab in der Schule Mädchen, die unter pickelig-pubertierenden Jungen daraufhin eingeschätzt wurden, ob sie die Pille nähmen oder nicht, ob man ihnen bei Gelegenheit ungestraft »an die Wäsche gehen« könne oder nicht. Das waren zynische Sprüche, wohlgemerkt, denn in Gegenwart der Mädchen waren die meisten der Jungen handzahm und scheu hinter der lärmenden Fassade.

Doch es gab auch handfestere Manifestationen jugendlichen Machotums, die es bei Sprüchen nicht bewenden ließen. Nie werde ich den Jungen vergessen, der mir eines Tages, wir waren etwa fünfzehn, sechzehn Jahre alt, stolz entgegenschleuderte, er habe »gerade ein Gerät durchgezogen«, in irgendeinem leerstehenden Neubau, auf dem Betonfußboden, »einfach so«. Es war ihm vollkommen gleichgültig, um wen es sich bei dem Mädchen (dem »Gerät«) handelte, er hatte keine Freundin, mit der er »ging«, oder gar eine, die mit ihm schlief. Mit dem »Gerät« hatte es sich »halt so ergeben«, sagte er, und ich wurde das Gefühl nicht los, daß die Sache mit diesem überaus aknegesegneten »Schlüpferstürmer« (wie selbsternannte Herzensbrecher damals bei der älteren Generation gerne genannt wurden) für das Mädchen, das ich flüchtig kannte, nicht ganz so freiwillig gewesen war.

In der Pubertät, in der Zeit der Suche nach der eigenen sexuellen und geschlechtsspezifischen Identität, erleben sich männliche Jugendliche im Vergleich zu Mädchen als unreifer, kindlicher und minderwertiger.[5] Das Macho-Verhalten kompensiert also das eigene Gefühl der Inferiorität der Jungen gegenüber den gleichaltrigen Mädchen. Es spricht alles dafür, daß sich hinter dem Macho-Verhalten erwachsener Männer ebenfalls nichts anderes verbirgt als das kaschierte Gefühl der eigenen Unzulänglichkeit gegenüber dem anderen Geschlecht, denn die Kehrseite des aggressiven Machismo ist die ebenso widerliche Verehrung einer halbgottähnlichen Frau, die mit real existierenden Personen freilich nichts gemein haben darf – also unerreichbar wie die Heilige Maria sein sollte. Es ist anzunehmen, daß Männer diese Mischung aus Inferioritätsgefühl und Überlegenheitsgeprotze gegenüber dem »anderen Geschlecht« unbedacht, ja ganz selbstverständlich auch gegenüber den eigenen Töchtern an den Tag legen und sich an ihnen seelisch schadlos halten, indem sie an den ohnehin Unterlegenen ihre Macht demonstrieren.

Wichtig erscheint mir überdies zu bedenken, daß die klischierten oder entstellten Vorstellungen des künftigen Tochtervaters davon, wie Mädchen aufwachsen, wie sie sind oder zu sein haben, die »normative Kraft des Faktischen« besitzen. »Normal« ist, was ich als gelebte Realität in mich aufgenommen habe, was ich alltäglich erlebt habe. Andere, spätere Vorstellungen von den Geschlechtern und ihrem Verhältnis zueinander als die früh gelernten, neue Entwürfe über »andere Erziehungsformen« usw. kranken zunächst einmal daran, daß ich sie auch dann nicht gleich als »normal« erleben kann, wenn ich sie gutheiße. Wer in seiner Kindheit, um ein allgemeineres Beispiel zu geben, autoritäres elterliches Verhalten am eigenen Leibe spüren mußte und es gerade deswegen vehement ablehnt, ist dennoch in der Wahl und Kultivierung liberaler elterlicher Verhaltensweisen gegenüber den eigenen Kindern zunächst einmal unsicher. Es gibt dafür nämlich kein unmittelbares biographisches Vorbild, das sich kopieren ließe. Man kann sich nur immer wieder selbst bestätigen, daß es richtig ist, das Kind nicht anzuherrschen, wenn es zum zehnten Male fragt: »Warum ist der Käfer tot?«, und man es doch selbst nicht weiß ...

Meine eigene Vor- oder auch Verbildung als künftiger Tochtervater wurde freilich noch flankiert durch die Normen ländlich-katholischer Einflüsse einer westdeutschen Kleinstadt in den sechziger und siebziger Jahren.

## Religiöse Bewußtseinstrübung

Ich will auch hier nicht zitieren, was in jedem Katechismus nachzulesen ist, sondern mich exemplarisch nach den Erinnerungsspuren fragen, die der religiöse Bewußtseinsterror in bezug auf die Geschlechter bei mir selbst hinterlassen hat. In meiner Erinnerung hat die Kirche, die für meine kindliche Vorstellung damals schlichte Wahrheiten predigte, über das Verhältnis der Geschlechter zueinander dies gelehrt: Die Frau soll dem Mann »untertan sein«, sie soll ihm »folgen«, ihm »gehorchen«. Eva, die erste Frau, war doch nur zweite Wahl, geschaffen aus der Rippe Adams, des Mannes. Die Kirche hat gelehrt, daß Lot, ein rechtschaffener Vater, von seinen verderbten Töchtern betrunken gemacht und verführt wurde. »Blutschande« war Schuld und Schande der Töchter.

Obwohl es den Frauen mittlerweile erlaubt war, bei den Männern zu sitzen, saßen viele der älteren Frauen beim Kirchgang noch immer im »Frauenschiff«. Alte Gewohnheiten, hieß es, viele jüngere Frauen machten es ihnen nach. Es gab zahlreiche kirchliche Veranstaltungen im

Ort – Ausflüge, Kaffeekränzchen, Kurse in Handarbeiten usw. –, die eigens »den Frauen und Müttern« ans Herz gelegt wurden. Mütter bildeten demnach ein eigenes Geschlecht, denn Frauen bildeten ja eine eigene Kategorie.

Es gab Paare, bei denen es mit dem Nachwuchs nicht klappte, und diese Frauen schienen aus kirchlicher Sicht nicht ganz komplette Wesen zu sein, denn die Kirche ließ den Männern ja ein Hintertürchen offen: Ein Paar, hieß es im Religionsunterricht, das keine Kinder bekommen konnte, durfte sich wieder trennen. Die Ehe galt »als nicht vollzogen«, obwohl sie, nun ja, im Grunde doch vollzogen worden war. So liberal konnte die Kirche also sein.

Zur Kommunion, dem religiösen »Reichsparteitag« meiner Kindheit, trugen die Mädchen blütenweiße Kleider und Plastikblumenkränze, die Jungen schlechtsitzende blaue Anzüge und »Fliegen«. Mädchen und Jungen saßen dann getrennt voneinander in den Kirchenschiffen; die Mädchen sahen, an diesem Tag besonders, aus wie Wesen von einem anderen Stern. Doch mochten sie auch noch so weiß, in der Farbe der »Unschuld«, wie es hieß, aus ihrer gestärkten Wäsche strahlen, nie würden sie es zu einer so vollkommenen Unschuld wie Maria bringen, die »unbefleckt« ihren Jesus empfangen hatte. Jahrelang konnte ich mir beim besten Willen nicht vorstellen, worin der Flecken, der Maria erspart blieb, bestanden haben könnte. Später ergötzte ich mich an dem scholastischen Problem, ob die befleckte Empfängnis nicht zugleich Mutter *und* Kind beschmutze. Doch solche Fragen gehörten schon zu den ungezählten unzüchtigen Gedanken sexueller Natur.

Welche Reste bleiben von solchen Vorstellungen im Erwachsenenalter, selbst dann, wenn man glaubt, sie längst abgestreift zu haben wie eine alte Haut? Wie werden beim Vater eines dieser früher so mysteriösen weiblichen Wesen vom anderen Stern die vergessen geglaubten Botschaften von den verführerischen Töchtern oder die Verteufelung der Sexualität als eines gefährlichen Lasters zum Beispiel in der Sexualerziehung wirksam?

Die frühen sozialisatorischen Einflüsse lassen sich zwar nicht wie die Spuren chemischer Stoffe exakt nachweisen. Aber solche Fragen gehören wohl zu denen, deren Bedeutung bereits darin besteht, daß man sie (sich) wenigstens gestellt hat – als Voraussetzung für größere Achtsamkeit und Selbstkritik in der Begegnung mit der eigenen Tochter.

## Schulweisheiten

Ich kann mich nicht erinnern, daß das Verhältnis der Geschlechter während meiner Schulzeit im Unterricht selbst einen besonderen Stellenwert gehabt hätte (von dem unglücklichen, unsicheren und deshalb allzu lärmenden Machogehabe von uns Jungen außerhalb des Unterrichts abgesehen). Die erste ernstzunehmende Diskussion im Unterricht zum Thema der »Geschlechterfrage« (womöglich mit anschließendem Test, man konnte das nie wissen) fand statt, als ich bereits in der elften Klasse war. Ich konnte Englisch und Latein und den Anfang der Odyssee auf Griechisch herunterbeten, aber die Sprache des anderen Geschlechts verstand ich nicht.

In der besagten Unterrichtsstunde ging es für mein Gefühl um die Frage, wer wen am meisten unterdrückt, die Männer die Frauen oder die Frauen die Männer. Ein junger Lehreraspirant hatte einen Tonbandmitschnitt mit einem Streitgespräch zwischen Alice Schwarzer und Esther Vilar abgespielt, Feministin contra Maskulinistin gewissermaßen. Alice Schwarzer war ganz in ihrem Element, sie schimpfte und argumentierte, regte sich auf und wurde immer lauter. Ganz der coole Mann, blieb Esther Vilar stets gelassen und sachlich, sie redete ruhig und beharrlich, ließ sich einfach nicht aus der Ruhe bringen. Sämtliche Belege Schwarzers zur Unterdrückung der Frau durch den Mann tropften an ihr ab wie Wasser. In der anschließenden Diskussion der Klasse geschah nun etwas sehr Merkwürdiges. Sämtliche Wortmeldungen (einschließlich meiner eigenen) waren Sympathiebekundungen für Esther Vilar, die coole Mannfrau. Alice Schwarzer erschien selbst den Mädchen zu aufgeregt, zu emotional, kurz: unglaubwürdig. Sogar ihre Argumentation für verbesserte Bildungschancen von Mädchen traf unter diesen selbst offenbar nur auf taube Ohren. Ich kann mich an das einsame Staunen des jungen Lehrers von der Uni erinnern, der dieser Stimmung gerne etwas entgegengesetzt hätte. Doch er blieb sprachlos, stumm.

Der paradoxe Verlauf dieser Lektion in Sachen »Verhältnis der Geschlechter« zeigt meines Erachtens zweierlei: Erstens, die Verfestigung der Einstellungen von Jungen wie von Mädchen aufgrund ihrer gesamten Sozialisation. Zweitens, die daraus resultierende Abwehr gegen den emotionalen Kern von Schwarzers Argumenten – bei den Jungen ohnehin, doch auch bei den Mädchen.

Aber ist die kopflastige, leistungsfixierte, konkurrente

Atmosphäre der Schule geeignet, seinen Gefühlen über die eigene Schikanierung und Demütigung unkontrolliert Ausdruck zu verleihen? Die Schule ist heute wie gestern ein Ort, an dem es sich empfiehlt, strategisch zu sein und sich nicht blindlings zu öffnen; die verletzende Ummünzung jeglicher Äußerung, auch Gefühlsäußerung, in benotete Leistung ist prinzipiell immer gegeben. Die Schule kann heute (und konnte zu meiner Schulzeit) bestenfalls eine intellektuelle Auseinandersetzung zum Verhältnis von Frauen und Männern, von Jungen und Mädchen, von Müttern und Söhnen und von Töchtern und Vätern anregen – ein Korrektiv verfestigter Klischees oder gar Ersatz für fehlende Erfahrungen können Schulweisheiten nicht sein.

## Lesefrüchtchen

Ein wichtiges Korrektiv der Erfahrungen meiner unmittelbaren Lebensumwelt war schon immer das Lesen. Doch wie Mädchen aufwachsen, wie sie denken und fühlen, wie sie Jungen oder gar ihre Väter erleben, wurde mir in keiner Lektüre vermittelt. Zwar fragte ich nicht eigens danach, aber es lief mir auch per Zufall nichts Lesbares über den Weg, das mich nachhaltig beeindruckt hätte.

Das mag vor allem daran gelegen haben, daß ich mich ausschließlich für die klassische Jungenliteratur interessierte. (Aber wie vielen Töchtervätern ist es in ihrer Kindheit anders ergangen?) Nach der Zeit der Märchenlektüre, in der mir die Mädchenfiguren buchstäblich märchenhaft, das heißt unwirklich blieben, kam die Zeit der

Sagen. Irgendwie hießen alle jungen germanischen Frauen Hilde: Krimhilde, Hildegund, Hildegard etc., und irgendwie waren sie (meiner Erinnerung nach) tatsächlich alle gleich: sittsam, schön, hilflos, treu. Sie waren der Preis der Mühen, die die Männer – stolze Ritter, hoffnungsvolle Prinzen, mächtige Könige – auf sich geladen hatten, um sie zu erwerben. Letzten Endes waren sie aber als Siegespokal ersetzbar; etwa durch den Heiligen Gral, eine gewonnene Schlacht, die Wiederherstellung der männlichen Ehre usw. Die griechische Sagenwelt kannte ich nur in Form »jugendgerechter« Bearbeitungen, die den emotionalen Gehalt dieser alten Mythen weitgehend entschärften. Sie wurden so zu typischen Abenteuergeschichten, deren Aktivposten die Männer waren. Dito die römischen und die Sagen anderer Völker, die mir noch zwischen die Finger kamen.

Es folgte eine Zeit der Comics, deren Einfluß auf Jugendliche heute bestimmt unverhältnismäßig viel größer ist, als er es damals war. Hier traf ich wieder auf die bekannten Klischees: dominante Sigurds, Tarzans, Bat- und Supermänner retteten den Dschungel, das Weltall und nebenbei oder am Ende auch noch hilfsbedürftige, defizitäre Blondinen mit Mädchengesicht, Wespentaille und melonengroßen Brüsten.

Mein Eintritt in die Lektüre ernstzunehmender Literatur begann mit *Tom Sawyer* und *Huckleberry Finn*, typischen Jungenromanen also, in denen die Mädchen Randfiguren blieben. Dennoch ist mir eine bezeichnende Szene aus Twains Huckleberry-Roman besonders in Erinnerung geblieben. Auf seiner abenteuerlichen Reise den Mississippi hinauf oder hinunter verkleidet sich Huck einmal als Mädchen, um nicht erkannt zu werden. Daß er ein Junge ist, verrät er aber unwillkürlich, indem er einen ihm in den Schoß geworfenen Apfel so auffängt, daß er die Beine rasch schließt. Ein Mädchen aber, so muß er sich sagen lassen, hätte als Rock- und Kleidträgerin die Beine auseinandergerissen, um den Apfel aufzufangen, und sie nicht wie ein Junge geschlossen, der Hosen trägt. Ich las dies damals als Kuriosum. Heute sehe ich darin immerhin die Wahrheit vermittelt, daß die Geschlechterrolle auch nonverbal ein derart unterschiedliches Ausdrucksverhalten produziert, daß wir es, weil es uns allmählich in Fleisch und Blut übergeht, gleichsam für natürlich halten. Über die Umkehrung und damit Bewußtmachung dieses geschlechtsgebundenen Ausdrucksverhaltens hätte ich von Pippi Langstrumpf lernen können, jedoch interessierten mich damals weder das Kinderbuch der Astrid Lindgren noch seine Verfilmung als Spielfilm – weil Pippi eine Mädchenfigur war und ich eben ein Junge.

## Praxisschock: Beziehung

Erst in meinen ersten engeren Freundschaften mit Mädchen wurde mein naives, oberflächliches Bild von der Lebenswirklichkeit von Mädchen zum erstenmal mit Leben erfüllt. Die Väter waren immer ein wesentlicher Aspekt dabei, meist warfen sie dunkle Schatten auf das Leben meiner Freundinnen.

In meinen ersten intensiveren, spätpubertären Freundschaften mit Mädchen bekam ich zum erstenmal ihre Lebensrealität direkt vermittelt. Oft ging es um schulische Probleme. Ich kannte natürlich auch die Schulschwierigkeiten von Jungen, aber niemand von meinen Klassenkameraden sagte, er leide ernsthaft darunter, daß er als Junge im Unterricht benachteiligt werde. Ingrid aber, mit der mich eine sexuell unbeholfene, aber ansonsten herzerfrischende Freundschaft verbunden hatte, beklagte sich zum Beispiel bitterlich über einen Lehrer, der die Mädchen regelrecht hasse (was mich deshalb besonders beeindruckte, weil ich mich durchaus zu seinen Lieblingen rechnete). Ich fing an, diesen Lehrer zu beobachten, und es fiel mir auf, daß er regelmäßig dann ein Mädchen piesackte, wenn sie, wenigstens für mein Gefühl, an diesem Tag besonders attraktiv wirkte, sie sich auf bestimmte Weise auffällig anzog, keck wirkte und ähnliches. Erklären konnte ich mir das freilich nicht, wenngleich Ingrid, die damals schon Freud las, überzeugt war, daß der Lehrer ein »impotenter Perversling« sei. In ihrer Familie legte man keinen großen Wert auf Ingrids schulische Laufbahn, alles drehte sich um den schwerkranken, bettlägerigen Vater, der für mich immer unsichtbar blieb und doch ständig präsent war. Als Ingrid später ihr Abitur gemacht hatte (wir hatten längst nur noch eine platonische, wenngleich freundschaftliche Beziehung zueinander), wollte sie studieren. Ihr Vater, sagte sie, litt schon im vorhinein unter der Vorstellung, sie könne das Haus verlassen, und wollte sie davon abbringen, ohne ihr eine Alternative zu nennen. Er machte sie dafür verantwortlich, falls es ihm infolge ihres Weggangs gesundheitlich schlechter gehen sollte. Ingrid ging dennoch, und da unsere Wege sich getrennt hatten, erfuhr ich nie, wie es ihrem Vater damit ergangen ist.

Ganz besonders in Erinnerung geblieben ist mir der Vater von Marlies, die ich Jahre später kennenlernte. Bei jedem meiner Besuche bei Marlies zu Hause, in seinem Reich, hielt er mir ellenlange, ermüdende Vorträge über alle nur denkbaren Themen der Welt. Marlies hatte eine sehr viel ältere, verheiratete Schwester, die zum Vater ein herzliches, ungezwungenes Verhältnis zu haben schien. Marlies' Verhältnis zu ihren Eltern hingegen war gespannt und auf seltsame Weise steif und distanziert. Als ich sie nach dem Grund fragte, erzählte sie mir, daß sie bis zum siebten Lebensjahr ebenfalls ein offenes, spontanes und emotionales Verhältnis zu ihren Eltern gehabt habe, jedenfalls soweit sie sich erinnere. Für die Zeit danach habe sie keine Erinnerung, bis auf ein Ereignis, fast eine Art Traumbild, das sie mit der heutigen Kälte in den Beziehungen in Verbindung brachte.

An einem Sonntagmorgen sieht sie sich als kleines Schulmädchen mit geschwollenem Gesicht und einem blauen Auge zu Hause die Treppe hinuntergehen. Unten steht ihre Mutter, die das Gesicht entsetzt von ihr abwendet. Es folgt ihr Vater, auch er stumm und ohne ein Wort des Kommentars. Für die Schule am folgenden Tag werden die Schwellung und das blaue Auge mit Schminke kaschiert, und nie wird ein Wort in der Familie über diese seltsam unwirklich erscheinende Begebenheit fallen. Auch Marlies selbst kann sich nicht erinnern, was an diesem Morgen tatsächlich vorgefallen ist. Sie weiß nur, daß sie ihren Vater nie mehr umarmen kann, daß sie sich scheut, ihn überhaupt zu berühren, daß sie ihn lange Zeit kaum anschauen konnte.

Und seltsam, damals sprachen weder sie noch ich den Verdacht aus, der heute in mir aufsteigt: daß Marlies von ihrem Vater mißhandelt worden ist und ihre Mutter dazu geschwiegen hat. Für Marlies war das Ereignis ohnehin schon unwirklich geworden, da in der Familie niemals auch nur ein Sterbenswörtchen darüber gefallen war. Und für mich war es wohl einfach die bequemste, konfliktärmste Lösung, so zu tun, als ob im Grunde nichts geschehen sei.

Ich will es bei diesen Beispielen bewenden lassen, denn die später wiederholt von Freundinnen berichteten Kränkungen sensibilisierten mich zwar für die Situation von Frauen und vermittelten mir einiges über die Bedingungen, unter denen sie als Töchter in der Familie aufgewachsen waren, auch darüber, welch ominöse Rolle Väter dabei spielen konnten – aber es war noch immer nicht meine Sache! Ich bezog solche Erfahrungen von Frauen nicht auf meine Situation, ich war nun einmal anders groß geworden. Ich fühlte mich manchmal sehr betroffen, aber ich *war* nicht betroffen, konnte es als Mann so wenig sein, wie ich es als kleiner Junge oder Jugendlicher war. Ich interessierte mich für solche »weiblichen Erfahrungen« als Teil der individuellen Geschichte meiner Partnerinnen oder Freundinnen. Nicht mehr, nicht weniger. Darüber hinaus allerdings interessierten mich die Kindheitserfahrungen von Frauen im allgemeinen nicht. In meinem Studium der Psychologie kamen sie kaum vor (oder übersah ich entsprechende Seminare einfach?), die Frauenliteratur las ich nicht (stand nicht auch außen auf dem Cover immer, daß diese Bücher nur von Frauen gelesen sein wollten?). Ich hatte eigene Sorgen; das Aufwachsen von Mädchen und das Verhältnis zu ihren Vätern gehörten nicht dazu – bis ich Vater einer Tochter wurde.

# Brüche, Berührungen

## *Mein Leben als Tochtervater*

Beginnen wir mit dem Heikelsten in der Beziehung zwischen Vater und Tochter, der Körperlichkeit. – Ich erinnere mich an meine Schwester und an andere Mädchen aus meiner Kindheit, die schon sehr früh ihre Puppen und Stofftiere (manchmal auch lebende Viecher) an- und auszogen, badeten, schoren, pflegten, küßten, hegten und wiegten. Die Puppen und Tiere wurden nach und nach durch die Neugeborenen oder Kleinkinder der Verwandt- oder Nachbarschaft abgelöst. Manchmal rollte den kleinen Babysitterinnen – nicht selten bekamen sie diese Aufgabe schon mit neun, zehn Jahren aufgetragen – auch schon mal ein Baby vom Tisch, wenn sie es wickeln wollten.

Schwamm drüber, denn von solchen Unfällen abgesehen, hatten die meisten Mädchen noch vor der Pubertät routinierten Umgang in der Baby- und Kleinkindpflege; der körperliche Umgang mit den Winzlingen war für sie ganz normal und beinahe alltäglich. Wenn diese Mädchen später, als erwachsene Frauen, Kinder bekamen, mußten sie nicht erst lernen, ihr Kind zu halten, es zu wiegen, mit ihm zu spielen und zu sprechen.

Wie anders ist dies bei Vätern. Im Unterschied zu vielen Frauen meines Alters hatte ich bis zur Geburt meiner Tochter kaum je ein Baby im Arm gehalten. So mußte ich den wichtigsten und aufregendsten Weg der Verständigung mit meiner neugeborenen Tochter, nämlich über die Sprache des Körpers, mit Händen und Füßen, per Fühlen, Drücken, Hin- und Wegsehen, Bewegung, Betrachtung, Mimik ... erst ganz neu lernen.

Im Unterschied auch zu meiner Frau – nun ja, wir sind nicht verheiratet, doch fehlt auch des Pfaffen Segen, so gilt doch die Eh' nicht minder, wie Heine in etwa sagte –, im Unterschied zu Eva also, die sich an das Kind in ihrem Bauch längst gewöhnt hatte (obschon natürlich das Kind außerhalb des Bauches für sie ebenfalls eine gänzlich neue Erfahrung darstellte), fehlte mir der körperliche Kontakt zu unserem Kind bis dato komplett.

Bald schon machte ich eine weitere Erfahrung: Wir hatten ein Mädchen bekommen! Das wußte ich natürlich schon, seitdem uns Doktor Ultraschall vor Monaten, noch während der Schwangerschaft, darüber aufgeklärt hatte. Aber ich begriff es in seiner körperlichen Manifestierung mit aller Deutlichkeit erst, als ich zum erstenmal daranging, meine Tochter zu waschen und zu wickeln. Ich verrichtete diese Aufgabe zuerst mit einer Mischung aus Amüsement, Erstaunen und Befremden. Die Berührung eines kleinen Mädchenkörpers war mir schon als solches fremd, und zum Zwecke der Reinigung, einschließlich des Geschlechts, erst recht. Ich beschloß daher, »die Sache« als Lernaufgabe zu betrachten, die wie das meiste Übung erforderte.

Immer wieder, wenn in Filmen oder Büchern Eltern mit ihren Neugeborenen gezeigt werden, sieht man sie herzen und scherzen und sich liebkosen, und alles ist eitel Sonnenschein und wie im Werbespot mit dem strahlenden Weichzeichnerglanz über frisch verstrichener Frühstücksbutter versehen. Aber ich kann mich nicht erinnern, jemals ein großformatiges Bild davon gesehen zu haben, wie einem Baby die senffarbene Kacke von Po und Geschlechtsteilen gewischt wird, ja und manchmal ist sie einfach überall am ganzen Kind zu finden.

»Gehört es sich nicht«, solche Bilder zu zeigen oder – wie ich es gerade tue – darüber zu schreiben? Keine Frage, wir befinden uns nicht einfach im Reiche der Sauberkeit und der Pflege des Kleinkindes, sondern inmitten der intimen Kommunikation zwischen (in diesem Fall) Tochter und Vater. Es mag sein, daß die horrenden Berichte über den sexuellen Mißbrauch, den Väter an ihren Töchtern begingen, in den letzten etwa zehn Jahren noch zusätzlich dazu beigetragen haben, Väter bereits im körperlichen Kontakt mit ihren neugeborenen Töchtern zu verunsichern. Denn wo Väter beständig in den Verdacht geraten, intime Situationen gegenüber ihren eigenen (oder den ihnen anvertrauten Stief-)Töchtern auszunutzen, muß man vielleicht um so mehr darauf achten, nicht in falschen Verdacht zu geraten.

Man sage nicht, daß diese Überlegung übertrieben sei. Ich kenne Kindertherapeuten, die bereits verunsichert sind, weil sie nicht wissen, ob sie in Verruf geraten könnten, wenn Kinder zum Beispiel auf ihrem Schoß sitzen. Ihnen ließe sich antworten, daß es ja nicht die Intimität und Nähe der Begegnung an sich ist, die den Therapeuten in Verdacht bringt, sondern die Sexualisierung dieser Situation, die sich unter Umständen auch anderen mitteilt.

Aber es geht mir um etwas anderes. Wenn ich von meinen eigenen Erfahrungen ausgehe, bin ich überzeugt, daß es nicht die »Mißbrauchsdebatte« ist, die Väter im körperlichen Umgang mit ihren Töchtern verunsichert, sondern der männliche Analphabetismus in puncto eigener und gegengeschlechtlicher Körperlichkeit.

## Sichere Distanz – eine männliche Körpererfahrung

In irgendeinem dieser Persönlichkeitstests, die gemeinhin mehr über den schwindenden Geisteszustand ihrer Erfinder als über die Getesteten aussagen, lautet ein Statement, das mit ja oder nein zu beantworten ist: »Mein großer Zeh ist mir fremd.« Wenn ich solche Fragebögen ehrlich beantworten würde (was ich erstens noch nie tun mußte und zweitens auch nie tun *würde*), müßte ich die Aussage bejahen, und das nicht nur für den Fall, daß ich gerade meine Brille abgesetzt hätte (ich bin kurzsichtig).

Ich gehöre nicht zu jenen, denen der eigene Körper sonderlich vertraut wäre. Meist spüre ich ihn erst, wenn er von sich aus Laut gibt und irgendwo schmerzt. Ich fühle mich nicht unwohl in meiner Haut, aber ich kann nicht behaupten, mein Körper habe mir viel zu sagen.

Mein Körper scheint im wesentlichen dem zu entsprechen, was man als männlicher Mensch erwarten darf. Sicher, er weist zahlreiche kleinere (und auch einige größere) Mängel auf. Mein Leiden daran setzte, wie nicht anders zu erwarten, in der Pubertät ein. Ich hatte, so fiel mir plötzlich im Vergleich zu anderen Jungen auf, eine sehr unmännliche Stupsnase; auf dieser Knolle und um sie herum tummelten sich zudem zahlreiche Sommersprossen, die so gar nicht meinem Schönheitsideal entsprachen. Wo andere einen kantigen Schädel mit einem geradlinigen Profil vorzuweisen hatten, war mir ein langweiliger Rundkopf gewachsen. Meine Freundinnen hätten zwar gegen ein Paar breitere Schultern und ein weniger flaches Hinterteil nichts einzuwenden gehabt, aber sie fanden mich dessen ungeachtet doch »irgendwie süß«. Gegen meine körperlichen Mängel trieb ich exzessiv Sport, was mir lädierte Kniegelenke und einen angebrochenen Wirbel als bleibende Schäden eintrug. An meinem »Haltungsschaden« wäre zwar fast meine Einschulung gescheitert, aber im Unterschied zu meinen Eltern hatte er mich immer wenig interessiert. Ich sah meinen buckeligen Rücken ja nicht (dafür spüre ich ihn seit zwei Jahren in Form heftiger Schmerzen nach langem Sitzen).

Heute bin ich Mitte dreißig und noch ohne Glatze und Gebiß, weshalb man sich als Mann offenbar schon glücklich schätzen darf, wenn man sich so umschaut. – Ich will sagen: Ich habe mich an meinen Körper gewöhnt, mich gleichsam mit ihm abgefunden, aber als besonderes Ausdrucksmittel war er mir bis zur Geburt meiner Tochter kaum bekannt.

In unserer Familie pflegte man immer einen direkten, durchaus herzlichen Umgang, aber körperliche Nähe war gleichwohl ein sparsam verteiltes Gut, das einem weiß Gott nicht jeden Tag zuteil wurde. Man gab sich die Hand zur Begrüßung, klopfte sich schon auch mal auf Arm oder Schulter, aber man fiel sich nicht gleich in die Arme dabei oder küßte sich auf die Wange.

In der Pubertät gab es ein paar unbeholfene Anläufe unter uns Jungen, sich körperlich näherzukommen. Aber aufgepaßt, erlaubt waren harte Knüffe, schwitziges Ringen, schallendes Handeinschlagen, später dann auch diverse Verrenkungen, mit denen man sich nach rasch wechselnden Pennäler-Moden umständlich die Hand reichte. Verpönt aber waren »richtige« Umarmungen oder andere »Streicheleinheiten«, mit denen man leicht als »schwul« oder doch »schwülstig« denunziert werden konnte.

Anders die Mädchen. Sie konnten sich ungestraft an der Hand nehmen, Küßchen verteilen, offen Zärtlichkeiten austauschen. Es schien gleichsam zu ihrem Wesen zu gehören, so selbstverständlich erschien die schwerelose körperliche Intimität zwischen manchen von ihnen. Beneidenswert. Oder auch nicht – dann nämlich, wenn die Umarmung zur Doktrin verkommt. Ende der siebziger, Anfang der achtziger Jahre machte ich die Erfahrung, daß sich in »alternativen« Kreisen wildfremde Leute um den Hals fielen und sich freudestrahlend mit den Zähnen anbleckten, um ihre Friedfertigkeit auch privat zu demonstrieren. Bei so herzlichen Attacken wurde ich immer stocksteif, und ein Frösteln lief mir über den liebkosten Rücken.

Dabei hatte ich gerade erst, neben spätreifen sexuellen Erfahrungen mit dem anderen Geschlecht, die Körpersprache als ein wertvolles Ausdrucksmittel in der Alltagskommunikation kennengelernt. Als Zivildienstleistender sah ich mich plötzlich vor die Aufgabe gestellt, mich mit Menschen zu unterhalten, die aufgrund einer geistigen Behinderung nicht sprechen konnten, jedenfalls nicht verbal. Dafür teilten sie ihre Gefühle – Wut, Trauer, Ärger, Zuneigung, Geborgenheit, Angst – auf sehr intensive Weise körperlich mit. Ich wurde gedrückt, gestoßen, gemieden, bedroht, beschimpft, geküßt, gestreichelt, gehauen. Es handelte sich also um ebenso intensive wie ambivalente Erfahrungen, und ich möchte sie nicht missen. Die Direktheit der körperlichen Mitteilung, die mir damals in der Arbeit mit Behinderten zuteil wurde, erlebe ich erst heute wieder, seit etwa fünf Jahren, mit meiner Tochter als Alltagserfahrung. Als Tochtervater sah ich mich plötzlich vor die Aufgabe gestellt, die spürbare Fremdheit meinem eigenen Körper gegenüber, aber auch meine anfängliche Unsicherheit in der körperlichen Verständigung mit meiner Tochter zu überwinden, die mir neben den erwünschten Gefühlen der Freude, des Interesses und, sagen wir es ruhig: der Liebe, eben auch von Beginn an eigen war.

## Nähe üben

Ich will eine Nähe in der Beziehung zu meiner Tochter erreichen, die wir beide brauchen und die uns beide bereichert. Nähe zwischen Vater und Tochter sollte aber nicht mit Sexualität oder Erotik verwechselt werden, erst recht darf sie nicht darin ausarten. Es gibt Psychologen und Pädagogen, die gerne den Eiertanz vorführen, zwischen (vermeintlich unentbehrlicher) Erotik und (unerlaubter, schädlicher) Sexualität im Verhältnis zwischen Erwachsenen und Kindern zu unterscheiden. Mir ist nach meinen bisherigen Lehrjahren als Tochtervater der Begriff der Erotik in diesem Zusammenhang fremd, ja verdächtig. Mit seinem romantischen Touch verschleiert er mehr, als daß er erklärt. Wer von Erotik in der Vater-Tochter-Beziehung spricht, meint, glaube ich, die Sexualität, auch wenn er es nicht wahrhaben will (denn sie ist ja verpönt). Ich bevorzuge den eindeutigen Begriff der Nähe, um deutlich zu machen, was ich für die tragende Säule in der

Beziehung zu meiner Tochter wie überhaupt in Eltern-Kind-Beziehungen halte. Emotionale Nähe impliziert, daß man eine/n andere/n gefühlsmäßig und körperlich gerne um sich hat. Das Gefühl der Nähe ist Ausdruck der emotionalen Bindung; sie schließt die permanente oder häufige Abwesenheit ebenso aus wie die emotionale Entfremdung durch Einengung und Gewalt. Nähe signalisiert zugleich etwas sehr Alltägliches im Umgang miteinander, ihr fehlt das falsche Lächeln der Romantik.

Nähe zwischen Vater und Tochter stellt sich aber nur über die Normalität intimer (nicht sexueller) Situationen her, die im Baby- und Kleinkindalter fast ausschließlich nonverbal, körperlich eben, vermittelt sind.

Die Normalität der Begegnung aber muß ich als Tochtervater in weit umfangreicherem Maße erlernen als die Mutter (der es umgekehrt bei einem Sohn ähnlich ergehen mag). Die nicht-sexuelle körperliche Nähe zwischen Tochter und Vater muß von klein auf kultiviert werden, andernfalls schleppt sich eine Verhaltensunsicherheit als peinliche Erblast in den Beziehungen mit durchs Leben, um (spätestens) mit der Geschlechtsreife der Tochter virulent zu werden.

Was aber bedeutet Normalisierung der Beziehung zwischen Vater und Tochter von klein auf? Ich meine, daß die Normalität in der körperlichen Begegnung mit der kleinen Tochter dann erreicht ist, wenn ich die Hege und Pflege meiner Tochter mit der gleichen Mischung aus Routine, Sorgfalt und Liebe durchführe wie bei mir selbst. Diese Sichtweise hat freilich den Nachteil, daß sie mich auf mich selbst zurückverweist. Die Frage stellt sich: Wie gehe ich selbst mit meinem Körper um?

In der Tat habe ich durch meine anfangs unsichere,

dann zunehmend interessiertere und entschiedenere Aufmerksamkeit für die körperliche Entwicklung und Gesundheit meiner Tochter meine eigene Körperlichkeit neu erfahren (auch die bisherigen Reflexionen sind Ausdruck dessen). Es ist der gegengeschlechtliche Unterschied, der eventuell erst über den Umweg des Befremdens und Erstaunens sein Potential zur eigenen Veränderung entfaltet. Mit der Gewöhnung setzt aber auch rasch die Normalisierung der körpersprachlichen Verständigung zwischen der (kleinen) Tochter und ihrem Vater ein – für beide gleichermaßen. Ich erinnere mich lebhaft an die ersten Ansätze meiner kleinen Tochter, meinen Körper zu untersuchen und dabei auch eingehend die sichtbaren männlichen Geschlechtsmerkmale ihres Vaters zu beforschen. Ich fragte mich ernsthaft, ob ich das zulassen dürfe. Handelte es sich dabei um ganz normale Neugier meiner kleinen Tochter, die man gleichsam über sich ergehen lassen müsse, oder war ein solcher Kontakt nicht bereits unangemessen? Ich fand einen Ausweg darin, Lillis gelegentliche Untersuchungen nur in Gegenwart ihrer Mutter zuzulassen, auch wenn ich das Gefühl nicht loswurde, daß dies wohl einzig das Resultat meiner eigenen Verklemmtheit war. Aber nur so fühlte ich mich wohl und ungezwungen. Eine Freizügigkeit, die man sich selbst auferlegen muß, sage ich mir, ist keine.

Ich bin überzeugt, daß die allenthalben kolportierte Irritation von Vätern über ihre pubertierenden Töchter auf mangelnder, zeitlich begrenzter Beobachtung beruht. Wenn sich die Beziehung dieser Väter gegenüber ihren Töchtern biographisch zurückverfolgen ließe, würde man sicherlich auf eine nie entwickelte Normalität im körperlichen Umgang mit den Töchtern treffen. Die Ge-

gengeschlechtlichkeit der Tochter wird mit ihrer körperlichen Reifung sicherlich besonders deutlich – doch war sie immer schon präsent. Die Normalität in der körperlichen Begegnung (wie überhaupt zwischen Menschen) stellt sich nur über ihr Praktizieren her, durch eine alltägliche, versorgende, behütende, liebevolle und nicht ausbeutende Beziehung. Wer das nicht lernt, der wird die Begegnung meiden müssen, so lange es geht, oder sich doch unwohl dabei fühlen.

Ich kenne nur eine wirksame Prophylaxe gegen eine Beziehungssackgasse zwischen Vater und Tochter: Nähe üben von klein auf. Das geht natürlich einzig über das Eingeständnis, daß die neue Situation als Tochtervater uns beherrscht und nicht wir sie. Es liegt mir auf der Zunge zu sagen: ... denn wir wissen nicht, was wir tun sollen. Wer dennoch den Versuch zur Nähe nicht scheut, wird feststellen, daß es auf unser Wissen auch gar nicht ankommt, sondern alles wie von selbst (mitunter aber auch schief-) geht, wenn wir unsere Töchter nur machen lassen. Denn natürlich hat die Tochter ganz eigene Ansprüche an uns.

Wir lernen das höchst anschaulich aus dem berühmtesten Kinderbuch der nördlichen Welt, *Pippi Langstrumpf* von Astrid Lindgren. Pippi lebt bekanntlich allein mit ihrem Affen und ihrem Pferd in der Villa Kunterbunt. Sie ist stärker als der stärkste Polizist auf der ganzen Welt, stärker selbst als der starke Adolf aus dem Zirkus, und außerdem so reich, daß sie mit den Goldstücken nur so um sich werfen könnte, wenn sie wollte (doch meistens steht der Schatzkoffer nur verwaist auf ihrem Schlafzimmerschrank). Pippi Langstrumpf ist die Verkörperung von Kinderwünschen schlechthin, nämlich stark, im

Grunde körperlich unverwundbar, und mächtig zu sein. Im Unterschied zu den machtvollen Erwachsenen im richtigen Leben verliert sie dabei nicht einmal ihre Menschlichkeit (»Pippi hat ein gutes Herz, denn wer stark ist, muß auch gut sein.«). Doch die Unabhängigkeit und Freiheit der kleinen Pippi, die tun und lassen kann, was ihr gefällt, hat ihren Preis – ihr fehlen die Eltern. Pippis Mutter starb, als sie noch ein ganz kleines Ding war, und so war sie mit ihrem Vater, dem Kapitän Efraim Langstrumpf, über die Meere gesegelt.

Pippi Langstrumpf ist eine geradezu klassische Vatertochter, und man kann nicht umhin zu mutmaßen, daß ihre enormen Kräfte wesentlich auf seinen Einfluß oder doch auf sein Vorbild zurückzuführen sind. Aber eines Tages wird der Vater in Ausübung seiner Kapitänspflichten ins Meer geweht und ward nicht mehr gesehen. Wer sich auf den Vater verläßt, der ist verlassen, möchte man unken.

Doch ebenso plötzlich und unerwartet, wie er verschwunden war, taucht er nach langen Jahren wieder auf. Die Wiedersehensfreude ist bei Vater und Tochter gleichermaßen heftig und geht ganz selbstverständlich in ein Kräftemessen der beiden über. Es gibt nur einen Menschen auf der ganzen Welt, der so stark ist wie Pippi, und das ist ihr Vater Efraim Langstrumpf, der Kapitän und Negerkönig in der fernen Südsee. Tochter und Vater messen sich im Fingerhakeln, und schließlich gelingt es Pippi sogar, ihren Vater ein wenig zu sich herüberzuziehen. (Wer seinem Kind einen Finger reicht, muß damit rechnen, daß es den ganzen Vater will.)

Kurze Zeit später führt Vater Efraim Pippi und ihren beiden Spielkameraden, Annika und Thomas, vor, wie es aussieht, wenn er als Negerkönig in der fernen Südsee zu tun hat. Man darf vermuten, daß die Utensilien seiner Macht (Krone, Bastrock, Speer, Ketten etc.) nicht lächerlicher wirken als die anderer Väter, wenn sie ihre Berufskleidung zu Hause tragen. Der Tanz geht schon bald in einen Ringkampf zwischen Vater und Tochter über, in dem der Kapitän seine Tochter (zu ihrem unendlichen Vergnügen) weiß Gott nicht schont. Mit ihrer eigenen Kraft, aber auch mit List und Witz (jetzt nutzt sie seine Kitzeligkeit gnadenlos zu ihrem Vorteil aus) bezwingt Pippi ihren starken, übermächtig scheinenden Vater, so daß ihm am Ende gar seine Krone vom Kopf rutscht und unter den Küchentisch rollt. Alles im Spiel versteht sich, denn die beiden haben einen Heidenspaß dabei.

Die ungezwungene Nähe zwischen Tochter und Vater vermittelt sich in dieser Geschichte also über das körperbetonte Spiel. Überdies bekommt die Tochter endlich – nach langer Abwesenheit des Vaters – wieder die Gelegenheit, ihre eigenen Kräfte zu messen. Der Geschlechtsunterschied fordert den körperlichen Vergleich des Mädchens mit dem Urvertreter des anderen Geschlechts, dem Vater, geradezu heraus – erst recht mit zunehmendem Alter des Mädchens, wenn es den kleinen Unterschied als durchaus große Geschlechterdifferenz immer deutlicher wahrnimmt und dessen soziale Konsequenzen immer kränkender erlebt werden. Selbstverständlich kann die Tochter den Vergleich mit dem Vater (vorerst) nicht gewinnen (nicht einmal Pippi Langstrumpf schafft das). Aber es läßt sich doch für den Augenblick des Spiels so tun als ob. Dazu muß der Vater aber mitspielen, er darf sich nicht wirklich angegriffen fühlen, er muß verlieren können, es darf ihm nichts ausmachen, wenn ihm seine

Krone vom Kopf rutscht (er kann sie sich ja schon bald wieder aufsetzen). Mehr noch, er kann das Selbstwertgefühl seiner Tochter stärken, indem er ihre pure Lust am Kräfteausprobieren nicht frustriert, sondern fördert.

So jedenfalls sage ich mir und habe überdies selbst meinen Spaß bei den fast täglichen kleinen Ringkämpfen mit meiner Tochter. Natürlich mischt sich auch etwas von wirklicher Rivalität (ich komme noch ausführlicher darauf zurück) in unsere spielerischen Auseinandersetzungen. Es ist mir schon häufig passiert, daß sich meine Tochter mit mir anlegt, wenn ich mich gerade meiner Frau zuwende, obwohl sie noch von Lilli okkupiert wird. Dann muß der Rivale eben weggeräumt werden, und Lilli ist bei der Wahl ihrer Mittel nicht zimperlich, mitunter tut es »richtig weh«... Das Kräftemessen der Tochter am lebenden Objekt ihres Vaters geht nicht selten über in das Ausprobieren ihrer Kräfte, ihrer Zähigkeit, ihrer Schnelligkeit, ihrer Gewandtheit mittels verschiedener anderer Objekte. Dann werde ich ausgetauscht gegen einen großen grünen Petziball, den ich festhalten muß, damit Lilli von ihm aus ins Bett und wieder zurückhüpfen kann. Oder gegen eine Rennstrecke, an deren Ende ein Haufen Kissen liegt, in den sie hineinspringt. Meine Rolle bei solchen Spielen gleicht der eines Adjutanten. Mein Job ist es zum Beispiel, die Geräte herbeizuschaffen, wenn sie es nicht allein schafft, oder Hilfestellung zu geben, indem ich ihr einen Arm oder ein Bein auf eine bestimmte Weise zu reichen habe. Im übrigen habe ich mich den Anweisungen meiner Tochter zu fügen.

Ich bin recht glücklich über diese Entwicklung, denn da ich mir beim Trostspenden, Kuscheln und anderen regressiven Bedürfnissen meiner Tochter oft reichlich überflüssig vorkomme, solange ihre Mutter für sie greifbar ist, bin ich doch erste Wahl, wenn es um »Action« geht – ums Fallen, Wiederaufstehen, Rennen, Springen, Vorwärts- und Rückwärtslaufen.

Die Arbeitsteilung, die sich unser Kind für uns ausgedacht hat – die Mutter ist zuständig für die passive und der Vater für die aktive Bedürfnisbefriedigung –, entspricht wiederum ziemlich genau der altbekannten geschlechtstypischen Rollenvorstellung in der Kindererziehung (siehe das vorangegangene Kapitel). Ich habe dieses Phänomen auch bei anderen Vätern, von Töchtern und von Söhnen, bestätigt gefunden. Manche gingen so weit, es als ein biologisches Prinzip zu betrachten, angesichts dessen man nur resigniert die Schultern zucken könne. Meine eigene These ist, daß ursächlich auch hier wieder an unsere eigene männliche Sozialisation gedacht werden muß. Zwar finden wir uns heute in der Rolle wieder, daß wir unsere Kinder plötzlich ebenso umsorgen und pflegen (können) sollen wie die Mütter – aber sind wir denn identisch mit dieser Aufgabe? Haben wir nicht als Jugendliche, als kleine Jungen vielleicht schon, über die »Weicheier« gespottet, die sich (das wissen wir heute: im Grunde auf anrührende Weise) um andere gekümmert haben, die nach Trost verlangten? Und wer von uns wollte sich schon von einem anderen Jungen trösten lassen? Bei einem Mädchen freilich war das schon etwas anderes (ohlala).

Mit anderen Worten: Die Rolle des liebevollen, zugewandten Trostspenders, so sehr ich sie auch begehren mag, um als Vater »perfekt« zu sein, ist mir in Wahrheit vielleicht doch so fremd, daß die daraus entstehenden zwiespältigen Signale von meinem Kind auch entsprechend aufgenommen werden. Nur weil ich mir ein neues Selbstverständnis von Vatersein zurechtgelegt habe, kann ich es noch lange nicht ausfüllen; mein nichtväterliches Vorleben kann mir da erheblich im Wege stehen. Andererseits bin ich weit davon entfernt zu lamentieren, denn die »action«-orientierte Rolle als assistierender Stuntman meiner Tochter behagt mir vortrefflich, und solange wir unseren Spaß haben, schert mich, um ehrlich zu sein, die klischierte Rollenzuweisung nicht im geringsten.

Überhaupt scheint mir in den vielen Erziehungsratgebern, von denen heute ein Teil tapfer gegen geschlechtsspezifische Klischees anschreibt, ein wesentlicher Aspekt vernachlässigt zu werden: der Spaß. Zugegeben, bis zu einer gewissen, wenngleich täglich schwankenden Grenze kann ich ein Interesse heucheln, das meine Tochter zum Beispiel für ihre zauberhaften Sandkuchen von mir verlangt. Aber lieber spiele ich mit ihr Fußball oder zeige ihr, wie man einen Drachen steigen läßt (und mir, daß ich es noch kann). Die bange Frage des Tochtervaters – Was fange ich bloß mit meiner Tochter an? – löst sich so sehr schnell in Wohlgefallen auf. Besser wäre es, zu fragen: Was macht mir am meisten Spaß? Der Rest ist – wie immer mit anderen Menschen – Verhandlungssache, denn was tatsächlich geschehen soll, muß natürlich ausgehandelt werden. Und als Eltern lernen wir dabei, was für knallharte Verhandlungspartner/innen Kinder sind.

Eine ganz andere, geradezu klassische, scheinbar nicht totzukriegende geschlechtsspezifische Frage aber ist: »Sollen Jungen und Mädchen zusammen spielen, und bis zu welchem Alter?« Das Problem ist nicht so überholt, wie es zunächst vielleicht den Anschein haben mag. Meine Erfahrung ist, daß sich (abgesehen von Ausnahmen, die dadurch besonders auffallen) Eltern von kleinen Jungen in besonderer Weise sorgen, wenn der Junge (zu oft, zu viel, am liebsten) mit Mädchen spielt, wenn er womöglich Puppen liebt, sich zu allem Übel auch nicht gerne rauft, Schrammen und schrille Töne eher meidet als sucht. Die Begründung für die Ängste solcher Eltern, und hier tun sich die Väter besonders hervor, steht meist im Geiste des Sozialdarwinismus: Der Junge könne sich unter Jungen später nicht durchsetzen, doch das müsse er schließlich lernen, obwohl die Eltern es natürlich »auch süß finden«, wenn er »mal« mit Puppen spielt ... Im Hinterkopf der »betroffenen« Eltern aber pocht in Wahrheit nur das uralte, verinnerlichte Bild der »Männlichkeit« auf sein Unrecht, und zwar von Anfang an.

Die Geschlechtertrennung beginnt bereits in den allerersten Kinderjahren. Sind die Kinder nur zu zweit, gewissermaßen *entre nous*, wird diese Vorgabe weniger rigide eingehalten, da es an der normierenden Kraft der Öffentlichkeit fehlt. Hier gefallen sich die Eltern eines »Stammhalters« aber gerne darin, die harmlose Spielgemeinschaft sogleich in ein »hübsches Pärchen« umzudeuten oder ihren Sprößling »ganz verliebt« in »seine kleine Freundin« zu wähnen usw. In Lillis Kindergartengruppe aber ist die Geschlechtertrennung unter den Kindern bereits weit vorangeschritten, so als handelte es sich um ein Naturgesetz.

Mit großem Erstaunen registriere ich, daß sich die Mädchen im Alter von drei bis sechs mit Vorliebe in der Spielküche rechts im Raum auf den Füßen stehen – in den Händen kleine Plastikpfannen, Metalltöpfchen, Schneebesen und anderes Küchengerät. Die Spielküche ist durch eine Theke und ein zum Küchenschrank umfunktioniertes hohes Regal scharf vom übrigen Raum abgetrennt. Links in der Ecke, gegenüber der Spielküche, gibt es eine Art Spielteppich, der mit dem Grundriß einer kleinen Stadt bedruckt ist, mit Straßen, Häusern und allem, was dazugehört. Hier tummeln sich am liebsten die Jungen mit ihren Spielautos und -motorrädern und dem, was man als Junge so haben muß, um es anderen Jungen auf den Kopf zu schlagen. Ein Klischee? Gewiß, bloß leider wahr.

Man sollte nicht den Fehler machen, die Erzieherinnen – männliche Erzieher finden sich im Kindergarten erst wieder in der Chefetage – als Sündenbock für die räumliche Einschränkung der Mädchen verantwortlich zu machen. Die Kinder, insbesondere die Jungen, sind bereits durch ihre Eltern auf die Polarisierung der Geschlechter geeicht, und die Kindergartenverwaltung hat die Räume bereits geschlechtsspezifisch vergeben, noch bevor ein einziges Kind sie überhaupt betreten hat. Das alles ist so »normal«, daß in einem solchen Ambiente kaum noch auffällt, daß die größeren den kleinen Jungen die Hosen herunterziehen, um sie bloßzustellen, wie Lilli mir kürzlich berichtete. Ein Akt der Demütigung, der sich bis ins hohe Erwachsenenalter nicht mehr verwächst.

## Besetzt! – Die Geschlechtsspezifik der Räume

Neuerdings machen Lehrer/innen in Grundschulen eine rätselhafte Beobachtung: Viele Kinder können nicht rückwärts gehen. Das heißt, sie trauen sich nicht, rückwärts zu gehen, ohne den Kopf dabei nach hinten zu drehen. Die Kinder haben heute nicht mehr die innere Sicherheit, aber auch nicht den Freiraum, um sich vertrauensvoll bewegen und ausbreiten zu können.[1]

Kinder sind in ihrem Spiel- und Bewegungsdrang zunehmend eingeschränkt durch verengte öffentliche Räume und Termindruck. Morgens verlassen sie das Haus, um zu festgelegten Zeiten in Kindergarten oder Schule ihren Job anzutreten. Überall herrscht pädagogisch durchgewalkte Zeit – bis zur nächsten Pause, bis zum Mittagessen, bis zum Abholen durch die Eltern ist alles genau geplant und didaktisch aufeinander abgestimmt. Es fehlt das natürliche Chaos. Alles läuft wie am Schnürchen, es gibt nur einen Störfaktor: das Kind. Nach Schul- oder Kindergartenschluß geht es planmäßig weiter. Die Kinder haben einen ebenso vollen Terminkalender wie ihre Erzeuger/innen: Aikido, Geige, Ballettschule mitsamt den dazugehörigen Dozenten warten auf die »freiwilligen« Lernleistungen des kleinen Nachwuchses von Mittelschichteltern. Wer weniger Geld hat, aber nicht weniger dafür arbeitet, muß sein Kind eben länger unter der Aufsicht von Kindergarten oder Hortpersonal lassen oder gibt ihm einen Wohnungsschlüssel in die Hand, damit sich das Kind mit dem Videorecorder unterhalten kann. Es liegt mir ferne, die Kolleginnen und Kollegen Eltern für diesen Diebstahl an Freiraum und Freizeit verantwortlich zu machen. Schlimmer noch, ich habe keine Ahnung, wie wir unseren Kindern diese Freiheiten zurückerobern sollen, da es sich aufgrund von machtvoll wirkenden Zwängen in der gesamten Gesellschaft nicht um individuelle, sondern um massenhafte Erscheinungen handelt.

Doch auch diese breiten gesellschaftlichen Tendenzen

bei der Einschränkung des Spiel- und Lebensraums von Kindern spitzen sich geschlechtstypisch zu. Und für den Tochtervater, der bislang gewohnt war, die Welt ausschließlich aus dem männlichen Blickwinkel zu betrachten, ergeben sich plötzlich verstörende Erfahrungen, wenn er sich in die Lage seiner Tochter versetzt. Noch einmal ein Beispiel aus der Lebenswelt des Kindergartens:

Als Lilli knapp zwei Jahre alt war, spitzte sich die Betreuungssituation in ihrer früheren Kindergartengruppe phasenweise extrem zu, so daß permanent zu wenig Erzieher/innen in der Gruppe waren. Bereits beim Bringen und Abholen meiner Tochter fiel mir auf, daß die Mädchen sich zunehmend enger an die verbliebenen Erzieherinnen anlehnten und sich überwiegend in ihrer Nähe aufhielten. Die Jungs hingegen tollten wie gewohnt überall umher und stellten auf den Kopf, was nicht niet- und nagelfest war.

Eines Tages erlebte ich beim Abholen meiner Tochter folgende Szene: Lilli, beschwerten sich ihre Erzieherinnen bei mir, habe ein anderes Kind »gehauen«. Als »doof« habe meine Tochter die Erzieherinnen immer wieder beschimpft, empörte sich eine der beiden Frauen. Unentwegt sei sie nervös im Gruppenraum (diesem Zappelkasten) umhergesprungen. Lilli sei wahrhaftig »kein liebes Mädchen« gewesen, im Grunde schon die ganze Woche nicht, hielten mir die zwei aufgebrachten Erzieherinnen vor. Ihr singender Tonfall, den sie wohl für kindgerecht hielten, sagte mir, daß sie nicht mir, sondern meiner Tochter, die derweil hinter mir Schutz suchte, eine Lektion erteilen wollten. Siehst du, war die Botschaft, das kommt davon, am Ende erfährt doch alles dein Papa.

Zwei zornige Frauen, Verräterinnen an ihrem eigenen Geschlecht, stürzten sich jäh auf mich, als väterlich strafende Instanz, um zu berichten, was vorgefallen ist. Und ich las die Gedanken der beiden Frauen: Sag etwas! Tu etwas! Entschuldige dich für sie, bedauere wenigstens, »was sie getan hat«. Und ich las im erschrockenen Gesicht meiner Tochter, während sie an meinen Schnürsenkeln nestelte und zu mir hochschaute wie an einem Baum, unter dem man Schutz sucht vor dem Unwetter: Hilf mir! Nimm mich in Schutz vor ihnen! Sie mögen mich nicht.

Nein, sie mochten sie nicht, jedenfalls nicht so, wie sie nun einmal war (und immer noch ist): Den ganzen Tag über meinten sie, hinter ihr herlaufen zu müssen, die Arme ausgebreitet, damit sie nicht abstürzte von den Höhen, auf die zu klettern sie leider nicht bleiben ließ. Obwohl, so dachten sie wohl insgeheim, Lilli es sich am Ende selbst hätte zuschreiben müssen, wenn sie gestürzt wäre. Schließlich gab es noch andere Kinder, und wenn jetzt auch noch die Mädchen anfingen, wie die Affen herumzuklettern, dann könnten sie wahrhaftig einpacken.

»Ist sie zu Hause auch so brutal?« – Die Frage riß mich aus meinen Gedanken, sie setzte meine Hemmschwelle, laut zu werden, sofort außer Kraft. »Nein, sie ist nicht brutal, weder zu Hause noch hier«, blaffte ich die beiden Frauen an. Brutalität sei, wenn mich nicht alles täusche, bei einem zweijährigen Mädchen doch ein völlig unangebrachtes, ein schlimmes Wort. Und es wundere mich, sagte ich, daß meine Tochter hier so schlechte Laune habe. Sie brauche nun einmal viel Bewegung, viel Platz. Wie oft sie denn mit den Kindern rausgingen, auf den Spielplatz oder in den Park?

Ich kehrte einfach den Spieß um, verteidigte Lilli aggressiv und mit einer Salve von Vorwürfen. Was weiß ich von Frauen? Anscheinend dies: daß ein schlechtes Gewissen sie mundtot macht.

Ist der geschlossene, halb-private Bereich des Kindergartens die Domäne der Erzieherinnen, so ist die Besetzung des öffentlichen Raums reine Männersache. Um das zu erfahren, reicht eine Fahrt mit dem Bus. Unzählige Male habe ich es inzwischen erlebt, daß sich die Kollegen auf den schönsten Plätzen (oben im Doppeldeckerbus, ganz vorne, direkt vorm Fenster, wo das Kind am meisten sieht) über die Maßen breitmachen. Früher saß ich vielleicht selbst mit weit abgewinkelten Beinen dort oben, wie die Herrschaften, die sich oft gleich längs über die ganze Bank lümmeln. Heute ärgere ich mich jedesmal, wenn alles schon mit ignoranten Männerärschen »besetzt« ist. Es fällt ihnen nicht einmal auf, daß hier etwas nicht stimmen könnte mit der Platzverteilung. Soll ich mich nun forsch dazuklemmen und meine Tochter auf den Schoß nehmen, frage ich mich jedesmal. Doch wer will sich schon ständig innerlich aufregen, nur um komfortabel zu sitzen?

Zum Machtspiel in der Öffentlichkeit gehört unbedingt »das Glotzen« von Erwachsenen, hier tun sich Männer und Frauen gleichermaßen hervor. Immer wieder begaffen Erwachsene Kinder auf geradezu stoische Weise. Sie glotzen, ich weiß kein anderes Wort – weil sie gerade Zeit dazu haben oder weil das Kind gerade da ist und es nichts kostet, sich kleine Menschen ungeniert genauestens anzusehen ... Es handelt sich hierbei selbstverständlich um einen aggressiven Akt, um ein Unterwerfungsritual mittels Anstarren. Schmerzlich überrascht muß ich also feststellen, daß die Aura meiner Tochter permanent verletzt wird.

Menschen haben eine Aura, sage ich, und meine damit den unsichtbaren Raum um sie herum, den sie seelisch gleichsam bewohnen und den unerlaubt zu betreten einer Körperverletzung gleichkommt. Wir spüren es, wenn uns jemand »zu nahe tritt«, uns »auf die Pelle rückt« etc. Diese Aura sagt viel aus über die Macht einer Person. Menschen mit einer großen Machtfülle zeichnen sich nicht unbedingt durch eine ebensolche Leibesfülle, immer aber durch eine weitgreifende Aura aus. Man traut sich nicht, ihnen zu nahe zu treten.

Der Schriftsteller und Journalist Horst Stern hat dafür einmal in einem Interview ein eindrucksvolles Beispiel geschildert. Auf einem großen Empfang für Politiker und Journalisten in den siebziger Jahren drängte ihn seine volle Blase irgendwann im Laufe des Abends in Richtung Toilette. Dort aber schickte sich gerade der frühere Bundespräsident Walter Scheel an, ebenfalls sein Geschäft zu verrichten. Interessanterweise, so erzählt Stern genüßlich, traute sich nun aber niemand der anderen Herren mit voller Blase mehr, auch auf die Toilette zu gehen, sie verkniffen sich ihr Bedürfnis, bis der Herr Bundespräsident fertig sein würde. Die Aura eines Bundespräsidenten vermag also eine ganze Herrentoilette auszufüllen, so daß ein Subalterner sogleich das Gefühl hat, ihm zu nahe zu treten, selbst wenn er nur neben ihm austreten will. (Mit Ausnahme der Person Horst Sterns übrigens. Aber der hatte ja dem »Jäger Scheel« in einem Artikel zuvor bereits journalistisch ans Bein gepinkelt und sich schon da um die Machtaura eines Bundespräsidenten wenig geschert.)

Umgekehrt durchbricht, wer die Macht hat, meist

selbstverständlich die Aura eines weniger mächtigen Menschen, etwa indem er ihn anfaßt, ohne darauf zu achten, ob diesem das angenehm ist, indem er sich breit macht oder ihn einfach nur anstarrt. Kinder wiederum durchbrechen die Aura von Erwachsenen, weil sie noch keine Vorstellung davon haben und sie daher nicht wahrnehmen können. Das macht ihr Verhalten so spontan und ermöglicht ihnen auch, Nähe zu Menschen herzustellen, die sonst eine starre, abweisende Aura um sich herum aufgebaut haben. Solche Menschen freuen sich gemeinhin sogar, daß Kinder sich von ihnen nicht abschrecken lassen, denn sie können ihnen ja nicht wirklich gefährlich werden.

Umgekehrt nehmen auch Erwachsene bei Kindern oft keine Aura wahr, doch ist das aufgrund des Machtgefälles für Kinder weitaus bedrohlicher. Kinder werden von Erwachsenen angefaßt, hochgehoben oder gestreichelt, und dieser Körperkontakt ist natürlich und lebensnotwendig. Aber hinter der äußerlich als liebevoll getarnten Zuwendung kann sich auch die pure Aggression verbergen, wenn nämlich die Aura des Kindes gegen seinen Willen durchbrochen wird.

Das Kind braucht ein Gefühl für seinen Körper, und dieses Gefühl bekommt es nur durch den unmittelbaren körperlichen Kontakt mit anderen Menschen. Da sind natürlich, neben anderen Kindern, in erster Linie die Eltern gefragt. Kinder brauchen aber auch ein Gefühl für ihren Körperraum, für ihre Aura, die sie als seelische Schutzzone, als einen Puffer im sozialen Raum benötigen.

Die Aura ist ein Kommunikationsmittel, mit dem wir darüber entscheiden, wen wir an uns heranlassen und wen nicht. Das alles müssen Kinder mühsam lernen. Sie können es aber nur lernen, wenn man ihnen den benötigten Körperraum und genügend sozialen Raum zugesteht, so daß sie überhaupt die Wahl haben, sich Platz zu verschaffen und ihn zu variieren. Das erwähnte penetrante Glotzen von Erwachsenen in der U-Bahn und die Zuordnung von engen Räumen wie der »Mädchen-Spielküche« im Kindergarten bringen mich deshalb so auf, weil es sich dabei um eine Schule der Mißachtung des kindlichen Selbst handelt, wenn man einmal die Körperaura als Teil des Selbst akzeptiert. Ich könnte eine ganze Reihe von Szenen schildern, bei denen ich es für nötig hielt, selber aktiv einzugreifen, um meiner Tochter den Platz zu sichern, der ihr zustand oder den sie sich erkämpft hatte: eine Situation (von vielen vergleichbaren) auf dem Spielplatz etwa, als sie im Sand saß und eine Gruppe von sechs-, siebenjährigen Jungen wie selbstverständlich ihren Platz fürs improvisierte Fußballtor beanspruchte; oder wiederholte Male Szenen im Zug, wenn Erwachsene wie selbstverständlich davon ausgehen, daß der Platz, auf dem Lilli sitzt, für sie geräumt werden muß, weil »das Kind ja auf dem Schoß« der Eltern genügend Platz habe. Verblüfft stellen sie dann fest, daß der Platz mitnichten für sie geräumt wird. Ich erlebe regelmäßig Situationen, in denen Lilli als ganze Person gar nicht erst wahrgenommen wird, etwa wenn wir im Zoo vor einem Gehege stehen und sich Erwachsene achtlos vor dem Kind aufbauen, als sei es gar nicht vorhanden – Erwachsene, die dann mitunter sehr pikiert unseren Protest zur Kenntnis nehmen und erstaunlich widerwillig zur Seite treten.

Interessant wird es immer dann, wenn Lilli den Spieß von sich aus umdreht, indem sie etwa Erwachsene, die sie anstarren, plötzlich irgend etwas fragt (»Fährst du auch nach Hause? Was hast du da in deiner Tasche? Ich gehe schon in den großen Kindergarten.«) und die Gaffer zu Begafften mit hochrotem Kopf werden. Dann verwandelt sich unerwartet das Objekt in einen lebendigen Menschen, und die Herrschaften fühlen sich gestellt und peinlich berührt.

Der befreundete Vater einer kleinen Tochter berichtete mir vor kurzem eine Erfahrung, die zeigt, daß man auch im privatesten Rahmen vor den Grenzverletzungen insbesondere männlicher Platzhirsche nicht sicher sein kann. In ihrem Kindergarten hatte sich seine anderthalb Jahre alte Tochter rasch mit einem Mädchen gleichen Alters angefreundet. Es wohnte mit seinen Eltern gleich in der Nähe, und so entwickelte sich in kurzer Zeit ein reger Kontakt. Bald schon wurden die Kinder nach dem Kindergarten abwechselnd zusammen in den beiden Wohnungen der Familien beaufsichtigt. Den Vater des Mädchens traf Martin, mein Bekannter, nur angelegentlich einmal, wenn dieser abends von seiner Arbeit nach Hause kam; die Tochter wurde von seiner Frau rundum versorgt – und darüber war Martin heilfroh. Der Mann sei ein rechter Kotzbrocken, schimpfte er, ein Maulheld erster Güte, dem keiner das Wasser reichen könne, der alles (besser) wisse, der immer gleich Bescheid gebe, wie man etwas hätte besser machen können und so fort. Mehr noch irritierte meinen Freund ein anderer Wesenszug dieses zweifelhaften Helden: sein buchstäblich grenzenloser Egozentrismus. Beabsichtigte er zum Beispiel, mit Frau und Tochter zu verreisen, so sprach er nur von seiner Person: »*Ich* verreise morgen nach Hannover.« Hatte seine Frau einen neuen Staubsauger gekauft, so verkündete er stolz: »*Ich* habe gestern einen neuen Staubsauger gekauft.« Hatte sich ein Käufer für das Auto gefunden (das seiner Frau gehörte), so hieß das bei ihm: »*Ich* habe *mein* Auto für soundsoviel Mark verkauft.« Seine Frau und seine Tochter waren für ihn demnach praktisch Teil seiner eigenen Person. Als autonome Persönlichkeiten schienen sie für ihn nicht zu existieren.

Eines Nachmittags ergab es sich zum erstenmal, daß dieses abstoßende Exemplar eines Tochtervaters die Kinder für ein paar Stunden in »seiner« Wohnung beaufsichtigen würde. Martin und seine Frau überwanden ihre gemeinsame Abneigung diesem Mann gegenüber, deuteten sie in ein ungerechtes Vorurteil um und brachten ihre Tochter zu ihrer kleinen Freundin. Als Martins Frau sie am späten Nachmittag wieder abholen wollte und an der Wohnungstür klingelte – wurde ihr nicht geöffnet. Der Angstschweiß brach ihr aus, und sie klingelte Sturm. Endlich wurde ihr geöffnet, in der Tür stand der Hausherr in Unterwäsche und grinste ihr frech ins Gesicht. Aus dem Nebenraum kamen die beiden Mädchen gelaufen, durchaus gutgelaunt, während das Radio in dröhnender Lautstärke aus dem Zimmer drang. Das war also die Erklärung dafür, daß ihr Klingeln nicht gehört worden war. Doch seltsam, so erinnerte sich Martins Frau erst auf dem Heimweg, der Radiosender war ganz und gar unscharf eingestellt gewesen, so daß ein unerträgliches Pfeifen und Zischen die Musik fast vollständig überlagerte. So als hätte jemand das Radio in aller Eile auf volle Lautstärke gestellt, aber keine Zeit mehr gefunden, den Sender scharf einzustellen.

Am Abend, als Martin seine Tochter ins Bett brachte, geschah etwas Ungewöhnliches. Sie klammerte sich an ihren Vater und versuchte, ihn auf eine Weise intensiv mit der Zunge zu küssen, wie sie es bisher nie getan hatte, so daß er regelrecht erschrak. Doch war er weit davon entfernt, dies mit dem Nachmittag bei der Freundin und ihrem Vater in Verbindung zu bringen. Das änderte sich erst, als dieser am darauffolgenden Tag seine eigene Tochter, die diesmal bei Martins Tochter zu Besuch war, wieder abholen wollte. Der Mann trat ein, nahm sich gleich beide Kinder und setzte sie auf seinen Schoß. Nun begann ihn seine Tochter auf die gleiche intensive Weise zu küssen, wie Martins Tochter es am Abend zuvor zum erstenmal probiert hatte. Und auch Martins Tochter versuchte prompt, ihrer Freundin nachzueifern und deren Vater auf gleiche Weise mit einem Zungenkuß zu beglücken. Doch der Mann fühlte sich beobachtet, und der Vorstoß des Mädchens war ihm sichtlich peinlich, so daß er versuchte abzuwehren, so gut es ging.

Nun war klar, daß der Mann in kürzester Zeit eine Intensität im körperlichen Kontakt mit Martins Tochter hergestellt hatte, die im Vergleich zur vorhandenen emotionalen Distanz völlig unangemessen war und sich von seiner eigenen Tochter keinen Deut unterschied. Die Beziehung zwischen dem kleinen Mädchen und diesem Erwachsenen hatte so gut wie keine Geschichte, aber eine erschreckend distanzlose körperliche Nähe erzeugt.

Mir geht es nicht darum, zu entscheiden, ob es sich in diesem Fall bereits um eine Sexualisierung auf seiten des Mannes handelte oder nicht (der Verdacht drängt sich indessen auf). Entscheidend ist bereits, daß eine solche Distanzlosigkeit es unmöglich macht, der eigenen Tochter ein Gefühl dafür zu vermitteln, daß das Zulassen körperlicher Nähe von der Art der Beziehung abhängen muß, die ich zu jemand habe. Ein Erwachsener, der in so eklatanter Form den Grad der Beziehung zu einem Kind mißachtet, verursacht daher auch dann eine Mißachtung der Persönlichkeit des Kindes, wenn der Kontakt nicht sexualisiert erscheint. Diese Grenzverletzung gegenüber einem anderthalbjährigen Mädchen paßte freilich wieder in das Bild, das dieser Tochtervater auch sonst von sich abgab: Die Mißachtung der Persönlichkeit anderer teilte er ja bereits in bezug auf Frau und Tochter mit, die für ihn Teil seines Selbst waren.

Von Stund' an brachen Martin und seine Frau den Kontakt außerhalb der Kindergartenzeiten ab. Überraschenderweise wurde von seiten der beiden anderen Eltern nie danach gefragt, warum sie sich so verhielten. Es herrschte Schweigen. Nur die beiden Mädchen klagten bitter über die Einschränkung ihrer Spielgemeinschaft.

## Um- und Unwelten

Kinder haben ihr eigenes Tempo. Wer je mit einem Kind spazierenging, weiß, daß es ohne Anpassung an die Geschwindigkeit des Kindes nicht geht. Schon dadurch verändert sich die Wahrnehmung der sozialen und materiellen Umwelt, selbst die unmittelbare Lebensumwelt ist auf einmal nicht mehr die gleiche. Langsam schlingert man mit seinem Kind die Straße entlang, ständig auf dem Sprung, es vor diversen Exkrementen, Glassplittern oder Kampfhunden zu bewahren. An der Straßenkreuzung sieht man die Auspuffgase der Autos in Höhe des Kindes so deutlich durch die Luft wabern wie nie zuvor. Und wer glaubt, als Fußgänger bei Grün mit seinem Kind in Ruhe über die Straße gehen zu können, täuscht sich gewaltig. Mit zunehmendem Alter des Kindes, es kann vielleicht schon Roller oder radfahren, kann schon der kurze Weg zum Kindergarten wegen des Straßenverkehrs zum Spießrutenlaufen werden. Nicht von ungefähr weisen die Unfallstatistiken Kinder als eine besonders gefährdete Gruppe im Straßenverkehr aus: Sie werden einfach nicht beachtet.

Seitdem ich Vater meiner Tochter bin, hat sich unsere unmittelbare städtische Lebenswelt – die Nebenstraße, in der wir wohnen, die dreckwälzende Hauptverkehrsader einen Steinwurf weiter, der grünfreie Bezirk inmitten der aufrüstenden Stadt – in eine feindliche Umwelt verwandelt. Was ich früher theoretisch über die Umwelt wußte, meine ich heute mitunter körperlich direkt zu spüren. So wie ich die Gesundheitsgefahren aufgrund der Ausdünstungen der Industriegesellschaft deutlicher denn je und mit zunehmender Sorge um unsere zukünftigen Lebensbedingungen wahrnehme, so sauge ich andererseits heute den Anblick einer Umwelt, die zumindest dem Anschein nach intakt zu sein verspricht, tief in mich ein. Es ist paradox: Ich sehe genauer hin als früher, noch ohne Kind, und ich sehe zugleich lieber weg als vordem.

Ich stelle an mir seit einiger Zeit eine zwiespältige Identifizierung mit der Weltsicht meiner Tochter fest. Ich beobachte an Lilli immer wieder mit Erstaunen, wie sehr sie sich über kleinste Naturerlebnisse – Tiere, Pflanzen, Steine, Muscheln, Schlamm – freuen kann. Doch stehe ich nicht in dem Ruf, romantisch veranlagt zu sein (eher wird mir das Gegenteil nachgesagt), die berauschende Stadtlandschaft New Yorks erscheint mir allemal lebendiger als ein dunkler Tannenwald. Und in der Tat kann ich auch über dem kleinen schönen »Natur«-Erlebnis meiner Tochter nicht vergessen, daß die Idylle nicht lange währt: vielleicht nur für die Zeit eines Urlaubs, eines Ausflugs an den Stadtrand oder auch für die Dauer eines Picknicks im Stadtpark.

Mein früherer Fatalismus in bezug auf die unaufhaltsame Umweltzerstörung (mit der ich in einem früheren Buch, wenn ich heute diese Passagen lese, wohl noch ein wenig kokettiert habe) wandelt sich zunehmend in Wut, Ärger und das Bedürfnis, etwas zu tun. Jeden Tag donnern durchschnittlich vierzigtausend Autos die stinkende Hauptverkehrsader, ganz in der Nähe unserer Wohnung, hinauf und hinunter. Die politische Entscheidung, daß das noch nicht genug sei, die Straße vielmehr ausgebaut und noch stärker ausgelastet werden müsse, bringt mich zum Schäumen. Nützt das etwas? Was soll man tun? Der Bürgerinitiative beitreten, oder vielleicht einfach wegziehen, aufs Land? Leider gehört zum Beispiel Bayern zu den Landstrichen mit der schlechtesten Luft in Deutschland, die Städte eingeschlossen. Die Ozonbelastung im Hochsommer ist auf einer verkehrsreichen Kreuzung am geringsten und im tiefen Tann am höchsten; und das einstige Aussteigertraumland Australien kennt schon seit Jahren die »burntime«, die uns auf unserer Seite der Erdhalbkugel erst nahegebracht wird, seitdem wir im Norden ein eigenes Loch im Himmel haben. Mit Blick auf die vergifteten Lebensverhältnisse, die Lillis Generation in noch wuchtigerer Härte treffen werden als die meine, scheint mir eine zunehmend aggressivere Gangart des Widerstands gegen weitere Vergiftungen die einzig aussichtsreiche Form zu sein, und ich scheue mich nicht, meine Ansichten meiner Tochter gegenüber offen zu vertreten. Außerdem ist sie für Umweltzerstörungen bereits ebenso empfänglich wie für die Reste nicht verkommener Umwelt: »Papa, der Baum hat gar keine Blätter. Ist der schon tot oder lebt der noch?«

Oft aber werden Mädchen, was die »belebte Umwelt« betrifft, Opfer eines bekannten geschlechtstypischen Phänomens. Ganze Ponyhöfe leben von dem Engagement der Mädchen für »ihre« Tiere. Überhaupt scheint die Begeisterungsfähigkeit von Mädchen für Pferde keine Grenzen zu kennen, und an jedem Kiosk hängen unzählige Zeitschriften, die daraus Kapital zu schlagen wissen. Vermittels der allseits geförderten Tierliebe von Mädchen wird also bereits der »natürliche Mutterinstinkt« herangezüchtet. Dieser Mißbrauch kindlicher Gefühle führt vermutlich im Erwachsenenalter wiederum zur Zeugung von Kindern, die dann zu einem nicht unerheblichen Teil früher oder später dem früh forcierten männlichen Auto-Fetischismus zum Opfer fallen.

Die niederste Form der Kritik, sagte einmal ein kluger Psychologie-Professor, ist jene, die sich bloß beschwert. Ich will deshalb fürs erste von diesem Thema schweigen und statt dessen auf ein ärgerliches Nebengleis verweisen, auf dem Eltern unversehens eine ganze Waggonladung Schuld auf ihren kleinen Kinderbahnhof geschoben bekommen.

## Das Kind hat Husten – das darf es nicht!

Eltern dürfen heute nicht ungestraft klagen, wenn ihre Kinder unter typischen Auswirkungen von Umweltbelastungen wie zum Beispiel Atemwegserkrankungen leiden. Der Spieß wird einem garantiert umgedreht und als elterliches Versagen wieder zwischen die Rippen gestoßen: Was, dein Kind hat *schon wieder* Husten? – Oh, Lilli hatte eine Lungenentzündung, wie ist *das* denn möglich? – So, so, eine chronische Bronchitis hat deine Tochter. Ich kenne Leute, die sind deshalb ans Meer gezogen, haben Job und Wohnung und *alles* für ihr Kind *aufgegeben* und leben jetzt auf Norderney!

Der unausgesprochene Vorwurf hinter solchen Äußerungen lautet: Dein Kind ist nicht gesund – also hast du etwas falsch gemacht. Die sadistische Erwartung an die Eltern des geschädigten Kindes ist: Du hast alles (aber auch alles) zu tun, eventuell auch alles zu lassen (Arbeit, Wohnung, soziale Beziehungen), damit dein Kind gesund bleibt oder gesund wird.

Hat, wer neben einem Atomkraftwerk lebt, Anspruch auf Anteilnahme, wenn seine Kinder erkranken, oder hätte er nicht vielmehr vor der Zeugung schon das Weite suchen müssen, statt zu jammern, wenn das Kind in den radioaktiven Brunnen gestürzt ist? Wie kann man nur Kinder bekommen und zugleich in einer abgasvergifteten Millionenstadt wohnen? Ja, wie kann man?

Wir treffen hier – natürlich in verwandelter Form – auf die moralisch keimfreie Vorhaltung jener Philister, die sich entschieden haben, in diese Welt keine Kinder zu setzen, oder auf Eltern, die dem Gebot optimaler elterlicher Förderung des Kindes[2] auf den Leim gegangen sind.

Die Erwartung, daß Eltern Schild und Schwert ihrer Kinder zu sein hätten – koste es, was es wolle –, ist schier grenzenlos und steht in seltsamem Gegensatz zu der real vorhandenen Ohnmacht, die einem in puncto Umweltbelastungen buchstäblich die Tränen in die Augen treiben kann. Eltern aber haben heute längst verinnerlicht, daß sie für jeden (unterbliebenen) Furz ihrer Kinder dingfest gemacht werden können, so daß der Hinweis auf »die Umwelt« heute ebenso verdächtig aufgenommen wird wie von anderen Straftätern der Verweis auf »die Gesellschaft« als Ursache ihres Tuns und Lassens.

Selbsternannte Experten geben es uns inzwischen wissenschaftlich, daß Umweltkrankheiten in Wahrheit psychische Ursachen haben. Umweltmediziner und Psychologen stellten zum Beispiel fest, daß die Zahl der Patienten in einer umweltmedizinischen Sprechstunde von einem Jahr aufs andere um das Vierfache gestiegen war. Doch fanden sich in den untersuchten Körpern nur geringfügig erhöhte Kontaminationen von Umweltschadstoffen. In ihrer Psyche aber fand man Sorgen um den Arbeitsplatz, Gram über die verkorkste Partnerschaft und andere Malaisen. Fazit: alles psychisch![3] Wer also beständig die Nase rümpfend auf die Umwelt schimpft, dem stinkt's in Wahrheit ganz woanders.

Und wer einen interessanten, gut bezahlten Job hat und ein halbwegs befriedigendes Liebesleben sein eigen nennt, besitzt gewiß attraktive Betätigungsfelder, von denen aus betrachtet sich Pestizidbelastung und Hautallergie rasch als das Problem von Neurotikern ausnehmen können.

In der kurzen Vorbemerkung eines Kinderbuches von Heinrich Hannover, einem von Lillis Lieblingsgeschichtenerzählern, seines Zeichens Vater von sechs Kindern, finde ich eine bewegende Passage über seine Tochter Carola, die im Jahr 1961 geboren wurde: »Sie erkrankte 1967 an Leukämie, einer unheilbaren Blutkrankheit, an der schon viele Kinder sterben mußten, seit es diese verfluchten Atombomben und Kernkraftwerke gibt, die die Luft mit radioaktiven Strahlen verseuchen.«[4] Hier spricht jemand, der Ursachen ohne Umschweife beim Namen nennt; klare Stimmen, scheint mir, sind selten geworden in einer Zeit, da man bei Hautkrebs eher an Löcher in der Seele denn an das Ozonloch denkt.

## Eins, zwei, drei – Im familiären Bermuda-Dreieck

### *Eins*

Während ich meine Notizen für den voranstehenden Abschnitt schrieb, saß meine Tochter auf dem Sofa und machte ebenfalls Notizen. Sie hielt einen meiner Bleistifte und malte Kringel und kleine Striche in ein kleines Hardcoverheft, das ich ihr auf ihren Wunsch »zum Malen« mitbrachte, nachdem sie ein solches zuvor bei mir in Gebrauch gesehen hatte. Siehe da, sagte ich mir, und meine schmächtige Brust schwoll an vor Vaterstolz, meine Tochter ahmt mich bereits nach. »Ganz der Vater« war bei näherer Betrachtung aber nicht nur die Tätigkeit des Schreibens, sondern die gesamte Körperhaltung, und das verdarb mir die spontane Freude. Denn Lilli saß mit deutlich gekrümmtem Rücken über ihr Heft gebeugt und kniff dabei die Augen mindestens ebenso angestrengt zu, wie ich selbst es tue, wenn ich den Beschreibungen anderer Glauben schenken darf.

Schon vorher hatte Lillis Angewohnheit, Gedrucktes oder Selbstgeschriebenes zu »lesen«, indem sie es in ihrem Sinne, sagen wir, interpretierte, Erinnerungen an ähnliche Vorlieben von mir aus meiner eigenen Kindheit hochgespült. Als ich eingeschult werden sollte, konnte ich eine Masse Buchstaben, allein oder in Kombination, identifizieren und aufs Papier malen, und mein kleiner Rücken krümmte sich bereits in der Gestalt eines abnormen, überdimensionierten Buchstaben S, so daß ich deshalb um ein Haar noch für ein weiteres Jahr in den Wartestand geschickt worden wäre. Es mag sein, daß Lillis gekrümmte Körperhaltung auf eine erbliche Disposition hinweist, doch die starke Ausformung ihrer körperlichen Fehlhaltung speziell beim »Schreiben« deutet noch stärker auf ein »Lernen am Modell« hin, im Volksmund als schlechtes Vorbild bekannt. Das Beispiel widerlegt natürlich all jene, die den Vater als Verhaltensmodell für die Tochter nicht ernsthaft in Betracht ziehen. Andererseits erkennen wir daran, daß elterliche Eigenschaften von Kindern gleichsam im Bündel und ohne moralische Wertung übernommen werden, ja oftmals sogar entgegen der eigenen negativen Bewertung, was einem erst spät bewußt werden kann (»Nie wollte ich so werden wie mein Vater, und jetzt bin ich doch genau wie er.«).

Es steht für mich außer Frage, daß sich meine Tochter mit mir ebenso wie mit ihrer Mutter identifiziert und an meinem Beispiel lernt. Was bedeutet mir das? Zugespitzt möchte ich sagen: Was auch immer ich tue oder lasse, in allem bin ich nicht mehr wie früher, vor meiner Vaterschaft, nur mir selbst verantwortlich, sondern immer auch meinem Kind gegenüber, das mit mir als Verhaltensmodell leben muß, ob es will oder nicht. Natürlich ist die Identifikation mit den Eltern kein passiver Vorgang, dem das Kind einfach nur ausgesetzt ist, sondern ein aktiver Prozeß der Auseinandersetzung mit den in der Regel widersprüchlichen Anteilen von Eltern. Dennoch aber werde ich nicht aus der Verantwortung dafür entlassen, was ich meiner Tochter mein Lebtag lang aufgetischt habe, denn das kann eine dürftige Suppe sein, ein reichhaltiges Mahl oder das reine Gift.

Dieser väterlichen Verantwortung bin ich mir durchaus bewußt (wenn ich einmal Zeit habe), und ich versuche dann, mir vor Augen zu führen, wie Lilli mich sehen mag. Was für ein Vater bin ich in den Augen meiner Tochter?

Auf Lillis erstem Porträt von mir, es ist erst wenige Monate alt, erscheint ihr Vater als ein ausgesprochener Eierkopf (meinen Rundkopf erwähnte ich ja schon) mit einem besonders breiten »Gespenstermund«, dessen Ausdruck zwar neutral, aber auch nicht übermäßig freundlich ist. Er hat wohlproportionierte Ohren, die zu zwei Dritteln mit Ohrenschmalz gefüllt sind (das lasse ich unkommentiert). Seine Augen sind klein, aber wach, seine Haare stehen ihm ungleichmäßig geschnitten und unkoordiniert zu Berge. So wirkt er insgesamt aufmerksam, ernst, durchaus wohlwollend, mit einer Tendenz zur Verwahrlosung. Die kleine Porträtistin hat den väterlichen Eierkopf in ihrer Augenhöhe angesiedelt, er ist ihr zum Greifen nah, aber so, daß er ein Gegenüber bleibt.

Dieses anrührende, wenngleich keineswegs schmeichelhafte Porträt hängt neben einem Foto, das ich von Lilli im Alter von vielleicht zweieinhalb gemacht habe, an meiner Pinnwand. Das Foto zeigt sie im Flur unserer

Wohnung mit einer bunt glitzernden Zipfelmütze, die ich ihr am Tag der Aufnahme geschenkt hatte. Das Charakteristische dieses Fotos ist jedoch, wie mir heute mit dem Abstand der Zeit erscheint, nicht die neue lustige Zipfelmütze auf dem Kopf meiner Tochter, sondern die »Draufsicht«, die Sicht des väterlichen Fotografen von oben herab auf sein Kind, das von ganz weit unten ernst und interessiert aufschaut. Mir scheint, daß diese beiden Bilder, das Vater-Porträt der Tochter und das Tochter-Porträt des Vaters die Beziehung zwischen meiner Tochter und mir recht gut wiedergeben. Während Lilli ihren Vater offenbar im wesentlichen als ein etwas wuschiges Gegenüber wahrnimmt, eine Person, die zwar ernst dreinschaut, aber doch auch deutliche Macken hat, die ihre Strenge mildern und ihr die vielleicht latente Bedrohlichkeit nehmen, ist meine Tochter für mich zunächst das lustige kleine Mädchen, auf das ich herabschaue.

Ihren »erwachsenen« Ernst nehme ich in der Tat oft erst spät oder doch mit Überraschung wahr, und die Voraussetzung für diese Erfahrung ist eine Stimmung von Gelassenheit und entspannter Nähe. Sie stellt sich am ehesten dann ein, wenn »die Mama« für länger, sagen wir für mindestens einen Tag, außer Reichweite ist. So lange ich der gefährlichste Konkurrent um Evas Gunst und Aufmerksamkeit bin, schadet es aus Lillis Sicht nichts, wenn ich anderweitig zu tun habe. Aber ist die Mutter erst einmal fort und für länger nicht greifbar, gewinnt der Vater offenbar unabhängige, eigene Qualitäten. Auffallend ist, daß Lillis Bedürfnis nach aktiver Betätigung mit mir plötzlich weit weniger ausgeprägt ist als sonst. Das mag daran liegen, daß ich oftmals an Wochenenden, wenn Eva arbeitet, allein mit Lilli die Zeit verbringe. Überrascht stelle ich dann fest, daß unser beider regressive, passive Bedürfnisse nach Ruhe, Faulenzen und den Tag vergammeln sich weitgehend überschneiden. Kein Wunder, immerhin liegt eine ganze Arbeitswoche hinter uns beiden.

An solchen Tagen habe ich die Tendenz, Lilli einfach an dem teilnehmen zu lassen, was ich auch sonst, ohne sie, tun würde, und fast immer ist sie eine aufmerksame und interessierte Teilhaberin meiner Aktivitäten. Meist habe ich verschiedene kleine Dinge zu erledigen, jede/r kennt das: Das Fahrrad braucht einen neuen Dynamo, Bücher müssen zurück in die Bücherei gebracht werden, ein Geburtstagsgeschenk für meinen Bruder ist auch noch nicht gekauft – vielleicht eine Topfpflanze für seinen Balkon ... Lilli schraubt dann mit am Dynamo, sucht sich in der Kinderbücherei selbst ein Buch aus, wählt die Geburtstagspflanze aus. Und wenn es sich ergibt, wir zum Beispiel gerade in der Nähe sind, zeige ich ihr auch meinen momentanen Arbeitsplatz (der in den letzten Jahren mehrfach gewechselt hat), damit sie sich ein Bild machen kann und weiß, wovon ich rede, wenn ich sage: »Heute arbeite ich nicht zu Hause.«

Wenn sich Eltern und ihre Kinder so wenig sehen, wie das heute überwiegend der Fall ist, wo jede/r an seinem/ihrem Platz arbeitet oder spielt und von der Alltagswelt der anderen Familienmitglieder kaum eine Vorstellung hat, dann muß man gegensteuern und sich die jeweiligen Lebenswelten eben zeigen, so gut es geht, notfalls am Wochenende. Andernfalls dürfen Väter sich nicht wundern, wenn ihre Kinder sich von ihnen eines Tages »nichts mehr sagen lassen« wollen; sie haben ja recht, die Kinder, mit dem Argument: »Du hast ja keine Ahnung!«

Der vermeintliche Autoritätsverfall von Eltern, der

heute allenthalben beklagt wird, ist wohl auch weniger auf »fehlende Erziehung« als vielmehr auf das Auseinanderfallen der Lebenswelten von Kindern und Eltern, insbesondere Vätern, zurückzuführen sowie auf die Ignoranz vieler Väter gegenüber dem realen Alltag ihrer Kinder. Erst das gelebte (nicht nur geheuchelte) Interesse von Vätern an den Alltagserfahrungen ihrer Töchter gibt ihnen – aus der Sicht der Kinder – das moralische Recht und die persönliche Autorität, in der Familie mitzureden – nicht der dicke Geldbeutel, der berufliche Adelstitel, der Rohrstock oder der Besitz des Autoschlüssels.

## *Zwei*

Andererseits will ich und kann ich natürlich nicht in erster Linie für andere da sein – auch nicht als Vater für mein Kind. Die Vision von »Big Daddy is watching you« ist gottlob für alle Beteiligten abschreckend genug, so daß sich weitere Begründungen dafür erübrigen sollten, daß die wichtigste Person in meinem Leben zunächst einmal (und trotz Kind noch immer) ich selbst bin. Das hat mit Selbstpflege viel und mit Egoismus wenig zu tun, und ich gehöre nicht zu jenen, denen man dies dreimal wiederholen muß. Ich habe nicht zuletzt das unbedingte Bedürfnis, auch ohne meine Tochter mit meiner Frau zusammen zu sein, und das nicht nur nachts, wenn's Kindchen schläft.

Kürzlich hatte ich unerwartet die Gelegenheit, mich einer kleinen Bestandsaufnahme meiner Beziehung zu Eva zu unterziehen. Ein Kollege wandte sich an mich »mit einer sicher etwas überraschenden Bitte«: »Es handelt sich um eine Art Befragung, die ich im Rahmen meiner Vorbereitungen auf einen Gesprächsabend zum Thema Partnerschaft benötige.« (So sorgfältig können Psychologen sein.)

Ihm gehe es, fuhr er fort, um die Erfahrungen von »erfolgreichen Paaren« mit Kindern, von Eltern also, »die ihre Partnerschaft befriedigend leben«. Mit Speck fängt man Mäuse – ich sagte zu und füllte den Fragebogen brav aus. An manchen Stellen schien er mir etwas befremdlich formuliert, aber davon abgesehen, fand ich die Fragen bedenkenswert. Ich will sie hier samt meinen getreulichen Antworten wiedergeben[5]; vielleicht sind sie auch für manch andere anregend.

*Was sind aus deiner Sicht die Standardkonflikte in eurer Beziehung?*

Zu wenig Zeit füreinander (ohne Kind) zu haben; beruflicher Streß/Konflikte, die sich privat auswirken; Überforderung mit den familiären oder häuslichen Aufgaben, für die wir uns gegenseitig verantwortlich machen.

*Wie würdest du Nähe in eurer Beziehung beschreiben?*

*a) Wann oder wobei erlebst du Nähe?*

Bei gemeinsamen Aktivitäten (mit oder ohne Kind). Ausgehen, spazierengehen, Sex, Urlaub, Kaffeetrinken ...

*b) Wie entsteht Nähe?*

Durch das Gefühl der Zusammengehörigkeit.

*c) Wie wichtig ist sie für deine Zufriedenheit in der Beziehung?*

Nähe ist für mich das zentrale Element in der Beziehung.

*d) Kannst du/könnt ihr aktiv etwas dafür tun, wenn ja, was?*

Nähe läßt sich für mich nur herstellen und intensivieren im Wechsel mit Alleinsein, Absonderung, eigene

Wege gehen. Gewissermaßen: Ich kann ja ein Zimmer nur betreten, wenn ich es vorher verlassen habe.

*Wie oft habt ihr miteinander Sex?*

It depends, und zwar sehr stark in Abhängigkeit vom allgemeinen Erschöpfungsgrad und der Zeit, die wir für uns haben. Manchmal passiert zwei Wochen lang gar nichts, bei »Durchschnittsstreß« schätze ich durchschnittlich x-mal[6] die Woche.

*Würdest du gern häufiger?*

Ja und nein. Die Voraussetzungen müssen stimmen: Zeit, Ausgeglichenheit etc., sonst fehlt mir die Lust.

(Und nun meine Lieblingsfrage:)

*Was war die Idee eurer Beziehung aus deiner Sicht, z. B. in der Phase der Verliebtheit? Was war die »zündende Idee«, welche Erfahrung stand im Mittelpunkt? Ist diese Idee, diese Vision noch von Bedeutung, hat sie sich verändert, entwickelt?*

Weniger die Idee als das Gefühl war's: Da ist eine, mit der verstehe ich mich, die ist klug und spricht meine Sprache. Dieses Gefühl – heute Gewißheit und Erfahrung – ist nach wie vor von großer Bedeutung. Ohne es könnte ich meinen Alltag mit Eva nicht gemeinsam bewältigen.

*Welche Tugenden, die für das Zusammenleben mit ihr günstig sind, kamen erst im Laufe der Beziehung hinzu?*

Eva ist eine sehr verantwortliche, zugewandte, (mit kleinen Ausnahmen) verständnisvolle Mutter unserer Tochter, durfte ich lernen. (So was weiß man ja vorher nicht.)

*Wie geht ihr mit Stagnation um? Was führt hinaus?*

Ich sehe zu viele (unterschiedlichste) Entwicklungen, vor allem durch die stets überraschenden Entwicklungen unserer Tochter, um Stagnation zu spüren. Ich fürchte mich eher vor *falschen* Entwicklungen (nicht des Kindes, nicht in der Partnerschaft mit Eva, sondern meiner selbst).

## *Drei*

Mir ist im Laufe der zurückliegenden knapp fünf Jahre seit Lillis Geburt deutlich geworden, daß sich die völlige Umstrukturierung unseres Alltags durch Lillis permanente Korrekturen[7] nur mit pragmatischer Offenheit gestalten läßt. »Life is what happens to you while you are busy with other things«; fürs Familienleben gilt das erst recht. Wer den Wahnsinn der Familie mit Kind/ern (ob getrennt oder zusammen lebend, ob verheiratet, geschieden, wieder vereint, verkracht, versöhnt, verliebt, verhaßt, spielt bei meiner Auffassung von Familie nur eine graduelle Rolle) ganz ermessen will, muß die Familie als System mit krakengleichen Armen begreifen. Innerhalb des familiären Einzugsbereichs ist von plötzlicher Arbeitslosigkeit, die das Familieneinkommen halbiert, über einen durchschnittenen Kinderfinger bis hin zu Beziehungskrisen, die wie ein Gewitter über einen kommen können, praktisch jederzeit alles möglich. Dadurch entsteht eine Aufmerksamkeitsfixierung auf die eigene, unmittelbare Lebenswelt, die Familie eben, die mit den vielzitierten häuslichen Pflichten nur unzureichend zu erklären ist. Die Kindsfamilie gleicht einem Bermuda-Dreieck, man droht zumindest phasenweise von Kopf bis Fuß darin zu verschwinden und merkt es, wenn überhaupt, erst, wenn man seit Monaten keinen Funkkontakt mehr zu Außerirdischen hatte.

Wann immer mir mein Leben auf dem Familienplaneten bewußt wird, gerate ich in Panik. Ich beschlagnahme das Telefon für einen ganzen Abend und rufe Freund/innen, Bekannte, Verwandte, Kolleg/innen an, um ihnen mitzuteilen, daß ich noch lebe, daß ich danach dürste, sie zu sehen, daß ich mitnichten, wie es von außen scheinen mag, an mir selbst und meiner kleinen Familie genug habe, sondern einfach nur von ihr *verschluckt* worden bin. Um die familiäre Gravitation zu überwinden, plane ich lange im voraus feste Termine zum Ausgehen, mit der Erfahrung im Genick, daß die Fluchtgeschwindigkeit aufgrund der erwähnten unvorhergesehenen Bedingungen rasch erlahmen kann. An *spontane* Verabredungen im Weltall kann ich mich kaum noch erinnern, denn das familiäre Bermuda-Dreieck ist amorph und chaotisch, nur mittels Time-Planer und Rechenschieber kann man ihm zeitweise entkommen.

Von Zeit zu Zeit sehe ich lieber noch als einen oder mehrere Außerplanetarische – gar keinen Menschen. Mein Bedürfnis nach Nähe und Zugehörigkeit wird mitunter übermäßig befriedigt, und das erzeugt sein Gegenteil. Menschen sind einfach zu anstrengend, um sie permanent zu ertragen. Verabrede dich mit jemand zum Kino, um dich hemmungslos visuell abfüttern zu lassen, und noch während der Whiskywerbung berichtet er dir garantiert von seinem Alkoholproblem in letzter Zeit. Voller Unverständnis lese ich, während Lilli mir schon beim Frühstück von hinten über die Schulter klettert, in der Zeitung Artikel über die Probleme des Alleinseins so vieler Menschen. Ja, wissen diese Glücklichen denn nicht, was für ein kostbares Gut ihnen da jeden Tag zuteil wird? Viel Zeit, die Lektüre zu vertiefen, bleibt mir gemeinhin nicht, denn dann hat Lilli die Zeitung meistens schon gegrabscht, und ich schaue wohl genauso zerknüllt aus der Wäsche wie dieses nutzlos gewordene Stück Papier in ihren Händen. Aber dann zeigt Lilli mir plötzlich, was sie neulich im Kindergarten gelernt hat: wie man aus Zeitungen Hüte, Flugzeuge und Schiffe basteln kann. Und Freunde und Freundinnen, ich sage Euch, das ist nicht schlechter als Zeitunglesen, erinnert Ihr Euch noch ...?

## P.S.

Ich weiß, daß das nicht die passende Stelle ist, um es zu sagen, aber ich habe etwas Wichtiges vergessen: die Angst. Meine Angst (oder sollte ich sagen: Sorge, Befürchtung, latente Angst?), wenn ich an Lillis Zukunft denke. Die Angst – ich bleibe dabei, denn das archaische Wort ist immer das deutlichste – kommt ja niemals gelegen, und deshalb soll sie am Schluß dieses Kapitels noch zu ihrem Recht kommen.

Kürzlich sah ich nachts sehr spät noch einen Film im Kino, der mich in vieler Hinsicht erschüttert hat: *Mutters Courage*, nach einem Drehbuch von George Tabori. Was ist das Erschütternde daran? Daß der Film nach den Erinnerungen von Elsa Tabori, Georges Mutter, an die Deportation ungarischer Juden nach Auschwitz gedreht worden ist, so daß jede Szene als authentisch, so geschehen betrachtet werden muß? Daß es von Beginn an geradezu lyrische Verfremdungen gibt, die einem erleichtert eine Distanz verschaffen, die dann spürbar immer stärker bedroht ist, um urplötzlich buchstäblich gewaltsam durchbrochen zu werden? Ist es das Bemühen der Familie

Tabori, ihre Würde durch die »Normalität« ihres Alltags aufrechtzuerhalten, unter dem sich das Inferno bereits auftut? All das vermutlich und noch eines, das mich vielleicht gerade als Vater einer Tochter getroffen hat: Ein junges Mädchen von vielleicht fünfzehn, sechzehn Jahren besucht ihre gleichaltrige jüdische Freundin. An diesem Tag dringen die ungarischen Faschisten in ihr Haus ein, um sie zur Deportation festzunehmen. Das junge jüdische Mädchen wehrt sich, beschimpft unerschrocken ihre Häscher und bezahlt dafür auf der Stelle mit einem grausamen Tod; ihre Mörder ertränken sie in einer vollgelaufenen Toilettenschüssel. Die Freundin wird anschließend vergewaltigt und deportiert (entkommt aber später durch die Hilfe Elsa Taboris).

Diese Mädchen waren der Gewalt der Männer zunächst einmal als Jüdinnen (bzw. vermeintliche Jüdin) ausgeliefert, aber sie waren der Gewalt auch auf besondere Weise als weibliche Heranwachsende ausgesetzt. Da bricht ein spezifischer Haß von ganz normalen Männern – und wir wissen, daß Gewalttäter, ob organisiert oder nicht, meist gewöhnliche, auf erschreckende Weise mediokre Menschen sind – gegenüber Schwächeren, Unterlegenen aus, dessen Entstehung noch immer nicht hinreichend geklärt ist.

Und meine Angst, von der ich sprach, was hat die mit dem Film zu tun? Dieser Film zeigt eine historisch besonders furchtbare Episode aus der schier endlosen Geschichte von Macht und Gewalt. Aber er weist auch darüber hinaus. Ich habe bis heute keinen Menschen kennengelernt, der mit der ihm materiell, institutionell oder physisch verliehenen Macht auf Dauer verantwortlich umgehen könnte. Das trifft nach meiner Erfahrung auf

Frauen wie Männer zu, wenngleich man nur wenige Frauen in wirklichen Machtpositionen antrifft, und überdies haben sie, wie mir scheint, fast immer ein schlechtes Gewissen beim Gebrauch der Macht, nicht erst bei ihrem Mißbrauch, was man von Männern weiß Gott nicht behaupten kann.

Nun will ich meiner Tochter keine Angst vor der Macht einflößen, aber meine Konsequenz daraus, die werde ich ihr zu vermitteln versuchen: Mißtrauen!, ein kluges Mißtrauen gegenüber Macht und Masse, Gurus und Gruppen, Heilern und Heilanstalten ...

# Berühmte und berüchtigte Tochterväter

## Molière

Am 5. Februar 1662 tritt aus der Pariser Kirche Saint-Germain-l'Auxerrois das frischvermählte Ehepaar, Monsieur Jean-Baptiste Poquelin alias »de Molière« alias »Molière« alias »Elomire«, der berühmte Schauspieler, Theaterdirektor, Stückeschreiber, vierzig Jahre alt, sowie seine Tochter Madame Armande Gresinde Molière/Poquelin, geborene Béjart, alias »Mademoiselle de Molière«, Schauspielerin, »ungefähr zwanzig Jahre alt«.

Das Paar hat im Beisein des gesamten Theater-Ensembles, darunter die Mutter Armandes, die Schauspielerin Madeleine Béjart, kirchlich geheiratet, nachdem am 22. Januar 1662 bereits der Ehevertrag unterzeichnet worden war.

So sieht es jedenfalls ein Gerücht, das bereits kurz nach der Hochzeit zwischen dem Dichter Molière, dem nach dem »Sonnenkönig« berühmtesten Franzosen seiner Zeit, und seiner jungen Frau Armande aufkam und bis heute nicht aus der Welt ist.[1] Ein knappes Jahr nach der Hochzeit sieht sich der umstrittene, bei vielen, denen er seine Karikaturen direkt auf den Leib geschneidert hatte, verhaßte Dichter sogar mit der Anzeige eines gewissen Montfleury (dem er in einer Parodie übel mitgespielt hatte) konfrontiert: Molière habe seine eigene Tochter

Armande geheiratet, gezeugt mit seiner langjährigen Geliebten Madeleine Béjart.

Ist das nun die verleumderische Gehässigkeit eines Beleidigten oder die Intelligenz des Rachdurstigen, die instinktiv ins Mark des verhaßten Gegners trifft? Molière gelingt es, den Vorwurf des Inzests formal zu entkräften. Wie aus dem Nichts taucht ein Dokument auf, das Armande als die jüngere Schwester Madeleines ausweist. Armande, heißt es in dem Schriftstück, sei das elfte Kind der Mutter Madeleines, Marie Béjart, geborene Hervé.

Als der König seinem Schützling Molière den Rücken stärkt, indem er Pate steht an der Wiege des neugeborenen ersten Kindes des Dichters und seiner Frau (Tochter) – ein Sohn, er heißt, wie kann es anders sein, Louis –, hat die Inzestklage keine Chance mehr. Doch das herbeigezauberte Dokument wirft mehr Fragen auf, als es beantworten kann. Die vorgebliche Mutter Armandes zum Beispiel, die Witwe Marie Béjart, müßte zum Zeitpunkt der Geburt etwa fünfzig Jahre alt gewesen sein, um nach dem Tod ihres Mannes noch ein elftes Kind zu gebären. Das war Mitte des 17. Jahrhunderts noch unwahrscheinlicher als heute. Ebenso unwahrscheinlich, daß Marie Béjart ausgerechnet bei ihrem jüngsten Kind das Geburtsdatum vergessen haben soll, so daß im Ehekontrakt von 1662 nur ein ungefähres Alter der Braut vermerkt werden kann. Selbst im eigenen Umfeld des Dichters hat Armande wohl immer als Tochter seiner langjährigen Geliebten Madeleine gegolten.[2]

Wer war Armande? Molières Liebesgeschichte mit ihrer »Schwester« Madeleine begann um 1643, als sie ein gemeinsames Theater gründeten. Zu dieser Zeit lebte die gerade erst geborene Armande bereits mit ihnen, und sie blieb auch bei ihnen, als Madeleine, deren Geliebter Jean-Baptiste und die anderen Schauspieler/innen des Ensembles in den folgenden Jahren durch Frankreich zogen. Schon damals, heißt es, ließ sich Molière, wie sich Poquelin bald nannte, von dem Mädchen Armande scherzhaft »mein Mann« nennen.[3] Die Liebesbeziehung zwischen Molière und Madeleine zerbricht erst nach langer Zeit, doch arbeiten sie gemeinsam weiter in einem Ensemble. Wußte Molière nicht, daß Armande vielleicht nicht die kleine Schwester war, sondern die Tochter seiner Geliebten sein konnte, und daß er selbst als Vater Armandes in Frage kam? Wollte er es nicht wissen? Was wußte Madeleine, was hat sie ihrem langjährigen Geliebten, der damals freilich nicht ihr einziger gewesen ist, davon berichtet? Die Phantasie der Menschen, auch der Dichter, die aus diesem Stoff Dramen (Maurice Donnay) oder Filme (Jean Anouilh) geschaffen haben, hat dieses Rätsel seither immer wieder angeheizt.

Molière, so scheint es trotz schwieriger Beweislage, haben diese Fragen keineswegs bewegt, er *liebte* dieses Mädchen und wollte sie haben! Blindlings stürzt er sich in eine Ehe, über der von Anfang an ein Unglücksstern steht. Molière ist ein überaus ehrgeiziger, vielbeschäftigter Künstler mit wechselnden Erfolgen; seine Arbeit nimmt ihn voll und ganz in Anspruch. Rasch entfremdet er sich von seiner Frau, trotz des Umstands, daß auch sie jetzt zu seinen festen Schauspielerinnen zählt, und trotz »anderer Umstände«, die das Band zwischen ihnen hätten enger knüpfen können. Die Ehe ist bald zerrüttet, das Paar trennt sich. Nach längerer Zeit aber findet es wieder zusammen.

Und hier beginnt nun jener Teil der Geschichte, der

sich ironisch gegen den »Ehevater« wendet, indem ein latenter Geschwister-Inzest dem mutmaßlichen realen Vater-Tochter-Inzest Konkurrenz macht. Armande nämlich hat schon bald ein Liebesverhältnis mit Michel Baron, einem jungen talentierten Schauspieler, den Molière, wie Otto Rank[4] diagnostiziert hat, gleichsam als Adoptivsohn bei sich aufgenommen hatte. Mitten hinein in diese zunehmende quasi-familiäre Verstrickung platzt die Nachricht vom Tod Madeleines und dem merkwürdigen Umstand, daß sie ihre jüngste Schwester Armande zur Universalerbin bestimmt hat, während die anderen Geschwister mit einem Butterbrot abgespeist werden. Das Erbe stellt natürlich nur unter der Voraussetzung der Mutterschaft Madeleines gegenüber Armande *keine* Ungleichbehandlung der Geschwister dar und muß wie ein Fluch über der Molièreschen Ehe gelegen haben.

Molière, der als eheähnlicher Geliebter Madeleines zumindest als das gegolten haben muß, was Familienforscher heute einen »sozialen Vater« Armandes nennen würden, sieht sich in seinen letzten Lebensjahren mit dem symbolischen Inzest zwischen seinem »sozialen Sohn« Michel Baron und seiner »sozialen« oder leiblichen »Frau Tochter« Armande konfrontiert. Erst nach Molières Tod, bemerkt Rank, sei Armande als Tochter Madeleines anerkannt worden. Über die wahre Natur der Beziehung zwischen Jean-Baptiste Poquelin, genannt Molière, und Armande, verhöhnt als Mademoiselle de Molière, kann seitdem nur spekuliert werden.

Die Beschäftigung mit Vater Marx ist wenig erquicklich und fällt entsprechend kurz aus. Was über ihn als Tochtervater zu sagen ist, läßt sich am Beispiel seiner Tochter Eleanor exemplarisch nachzeichnen.[5] Als K.M. am 16. Januar 1855 nach Jenny und Laura eine dritte Tochter geboren wird, ist er enttäuscht: Wäre es ein Junge gewesen, gesteht er Freund Engels, wäre die Sache noch angegangen, und nun das: ein Mädchen, Eleanor.

Marx hält nichts auf das weibliche Geschlecht; Frauen sind ihm nicht ganz ernstzunehmende Geschöpfe, die stets der Vormundschaft bedürften, und so erscheint es ihm nur recht und vor allem billig, daß sich seine Frau Jenny für ihn im Haushalt und als Sekretärin abschuftet bis zur restlosen Erschöpfung.

Als Marx' über alles geliebter Sohn Edgar im Alter von acht Jahren stirbt, drei Monate nach der Geburt Eleanors, bekommt die Jüngste die Rolle zugedacht, den vergötterten Sohn zu ersetzen. Eleanor wird Vaters Liebling, doch sie wird ihm immer nur Ersatz bleiben, als Tochter ist sie zweite Wahl. Gewiß, der übermächtig scheinende, patriarchalische Vater, der sich ihr so intensiv zuwendet, vermittelt ihr Halt und Orientierung – solange sie tut, was er von ihr erwartet, und das ist nicht weniger als die totale Selbstaufgabe in seinem Dienste. Liebesbeziehungen seiner Tochter zu anderen Männern (als ihrem Vater) hintertreibt er aktiv, ihre selbstgewählten beruflichen Ambitionen – sie will Schauspielerin werden – unterbindet der sozialistische Utopist, um sich seine fleißige und intelligente Tochter buchstäblich als Mädchen für alles, als wortgewandte Verkünderin seiner Botschaften, als Sekretärin, Dienstbotin, Pflegerin gefügig zu erhalten. Und sie fügt sich, dient dem Vater bis zu seinem Tod, bewahrt ihm ein heroisches Andenken.

Erst 1895, am Sterbebett seines lebenslangen Kombattanten Friedrich Engels, zwölf Jahre nach dem Tode von Karl Marx, wird Eleanor die Täuschung des Vaters und ihre eigene Selbsttäuschung in grausamer Klarheit vor Augen geführt. Im Angesicht des Todes vermag Engels es nicht länger für sich zu behalten, daß nicht er, sondern Marx der Vater Frederick Demuths ist. Nur auf Wunsch von Karl Marx, dem sein unehelicher Sohn mit seiner Haushälterin Helene Demuth in höchstem Maße unangenehm war, hatte Engels sich bereit gefunden, sich als »Freddys« Vater auszugeben. Während Marx seine planvollen Visionen einer besseren, menschenwürdigeren Gesellschaft ohne Ausbeutung zu Papier bringt, schaut er seelenruhig zu, wie sein Kegel »Freddy« als Säugling zu fremden Leuten gegeben wird; wie er, nachdem er erst spät von seiner leiblichen Mutter erfahren hat, durch den Dienstboteneingang im Hause Marx schleichen muß, wenn er sie einmal sehen will; wie sein Sohn Frederick, ohne Ausbildung und finanzielle Mittel, eben jene pauperisierte Existenz des ungelernten Arbeiters führt, gegen die er als Wortführer der Arbeiterbewegung sein Lebtag mit wohlgesetzten Worten zu Felde zog.

Die Tochter erkennt, daß sie ihr Leben einem Phantom geweiht hat. Mit bitterem Euphemismus bemerkt sie, daß der Vater, der seinen Sohn auf so grausame Weise verriet, daß »Marx, der Mensch« wohl »weniger gut wegkommen« werde als »Marx, der Politiker« und »Denker«.[6] An ihrer bestürzenden Erkenntnis von Betrug und Selbstbetrug in der Beziehung zum idealisierten Vater – es ist das große Verdienst der Gochschen Studie, das im Unterschied zu den gängigen Heiligenlegenden im real nie existierenden Sozialismus herausgearbeitet zu haben – zerbricht Eleanor Marx am Ende sowie an der Tatsache, daß sie von ihrem späteren Ehemann ebenso getäuscht und ausgenutzt wurde wie zuvor vom ehedem heiligen Vater Marx. Am 31. März 1898 nimmt sie sich, zweiundvierzigjährig, das Leben.

## Freud

»Wenn es ein Sohn gewesen wäre«, schreibt Dr. Sigmund Freud, knapp vierzig Jahre alt und Arzt in Wien, seinem Freund und Kollegen Wilhelm Fließ, »hätte ich Dir telegraphische Nachricht gegeben, denn er hätte Deinen Namen getragen. Da es ein Töchterchen namens Anna geworden ist, kommt es bei Euch verspätet zur Vorstellung. Es hat sich heute um 3 1/4h in die Ordination gedrängt, scheint ein nettes und komplettes Frauenzimmerchen zu sein.«[7]

Die kleine Anna wird im Hause Freud alles andere als freudig erwartet. Martha Freud, ihre Mutter, sieht nach den fünf Kindern Mathilde, Jean Martin, Oliver, Ernst und Sophie in den vergangenen acht Jahren verständlicherweise keinen Grund zum Jubeln, als nun auch noch ein sechstes Kind zur Welt kommt, zumal sie ihren Augapfel bereits in Sophie gefunden hat. Vater Sigmund reißt die Geburt einer Tochter, wie wir sahen, wahrlich nicht aus der Façon, und Annas ältere Geschwister haben an sich selbst bereits genug.

»Annerls« frühe Kindheit ist Verlassenheit und quälende Langeweile. Dem Vater fällt sie hin und wieder (an Geburtstagen zum Beispiel) durch ihre »Unartigkeit«, ihre vorwitzigen, altklugen Bemerkungen auf. Im übrigen aber nimmt er sie kaum wahr. Wie denn auch, täglich stöhnt er unter der »unmenschlichen« Arbeit, die ihn wie »eine Maschine, die von selbst geht«[8] und auf die er keinen Einfluß hat, bis zu achtzehn Stunden in ihren Bann schlägt. Der Lohn für seine Fron sind trotz aller Widrigkeiten, denen er als Jude im Wien der Jahrhundertwende unmittelbar ausgesetzt ist, allmähliche Anerkennung und schließlich gar weltweiter Ruhm.

Während der Vater an seinem geistigen Lebenswerk feilt, entwickelt Anna einen Hang zum Tagträumen; sie phantasiert sich in heroische Heldenfiguren hinein, die aufopferungsvoll ihrem Herrn und Eroberer dienen. So entwickelt sie sich von einer widerspenstigen, aufmüpfigen Tochter zu einer bereitwillig ihre Aufgaben erledigenden, depressiven Jugendlichen, die, von der Mutter abgelehnt, still danach dürstet, an der Seite des Vaters die grandiose Bestimmung ihres Lebens zu finden.

Doch Sigmund Freud hat anderes mit der Jüngsten im Sinn, als ihr eine große Karriere zu bahnen. Unbeeindruckt von den emanzipierten, gut ausgebildeten Frauen in seinem Freundes- und Kolleg/innenkreis, verbaut der in Geschlechterfragen durch und durch traditionell handelnde Freud seiner Tochter Anna, wie schon seinen beiden älteren Töchtern, die Möglichkeit, die Universität zu besuchen, indem er sie statt eines Gymnasiums ein privates Lyzeum besuchen läßt. Sie ist eine gute, eine brave Schülerin. Als sie nach der Matura in den Tunnel ihrer engumgrenzten Entwicklungsmöglichkeiten blickt, gerät sie in eine tiefe Krise. Am Ende tut sie, was man von ihr erwartet, beginnt eine private pädagogische Ausbildung als Lehrerin und unterrichtet schließlich an jenem Lyzeum, das sie noch vor wenigen Jahren als Schülerin perspektivlos abgeschlossen hatte.

Aber die Gewichte im Hause Freud haben sich zu verschieben begonnen, und Anna wittert ihre Chance, den Verhältnissen zum Trotz dennoch in die verheißungsvolle Welt des Vaters aufgenommen zu werden. Die revolutionäre neue Krankheitslehre, die Vater Freud im Laufe der Jahre zu einer so bedeutenden Schule ausgebaut hat, gerät ins Wanken. Die Jünger, die er um sich geschart hat, beginnen eigene Wege zu gehen, seine Lehren werden relativiert oder gar ganz in Frage gestellt. Es ist besonders schmerzlich für Freud, daß selbst sein Kronprinz, ein begabter Arzt namens Carl Gustav Jung, abtrünnig wird und eine eigene Seelenlehre zu entwickeln beginnt.

Auch sein familiäres Zuhause droht ein »empty nest« zu werden. Nach Mathilde, der Ältesten, heiratet Sophie, die Lieblingstochter; die Söhne Ernst und Martin ziehen in den Krieg, der soeben ausbricht. Da beschließt der Vater, sich der bis dahin vernachlässigten, jüngsten Tochter zuzuwenden. In einem Brief an den Kollegen Ferenczi schreibt er: »Mein nächster Verkehr wird meine kleine Tochter sein, die sich jetzt so erfreulich entwickelt.« [9] Man schreibt das Jahr 1913, und die schüchterne, kluge Anna erkennt ihre Chance, aus dem Schattendasein eines typischen weiblichen, bürgerlichen Lebenslaufs mit Lyzeum, Lehrerinnenberuf, Heirat, Kinderkriegen herauszutreten und statt dessen in die Welt des Vaters einzutauchen – um ihm beizustehen. Ihr Vater seinerseits erkennt die psychische Bereitschaft seiner Tochter zum Altruismus (über den sie später selbst intensiv forschen wird). Sukzessive pflanzt er ihr seine wichtigsten geistigen Koordinaten ein, die sie wie ein trockener Schwamm in sich aufsaugt. Sie besucht seine Vorlesungen, nimmt teil an seinen Seminaren und sogar an wichtigen Sitzungen des Vaters.

Zu Beginn des Ersten Weltkriegs hat Vater Freud längst erkannt, daß ihm die Jüngste zur einzig Verbliebenen geworden ist und zur treuesten Stütze seiner privaten und beruflichen Welt avancieren kann. Da erfährt er – Anna befindet sich bei Ausbruch des Krieges gerade auf einer Reise in England – von den Neigungen des vierunddreißigjährigen Ernest Jones, Analytiker auch er und später Biograph Sigmund Freuds, zu seiner gerade achtzehnjährigen Tochter. Das riecht ihm nach Konkurrenz. In einem prompt verfaßten Brief gemahnt er Anna an das hohe Alter ihres Verehrers, an dessen womöglich im Hintergrund lauernde Karriereabsichten, die in Wahrheit auf ihn, Sigmund, und nicht auf Anna abzielten usf. Zum Schluß gemahnt er seine Tochter an ihre enge Bindung zum Eltern-, sprich Vaterhaus, so daß er sich damit beruhige, sie wolle doch sicher keine Lebensentscheidung treffen, ohne vorher seine Zustimmung eingeholt zu haben. Doch er traut dem Braten nicht: Eine Woche später warnt er seine Tochter davor, jemals mit Lustmolch Jones allein zu sein.[10]

Die frei flottierenden Bindungskräfte des Vaters vor Augen, muten seine später geäußerten Sorgen um Annas Leben »ohne Mann« wie blasse Lippenbekenntnisse an. Für patriarchalische Väter ist diese Ambivalenz nicht ungewöhnlich. Doch im Falle Sigmund Freuds bekommt die Vater-Tochter-Beziehung erst richtig Fahrt, als er ab 1917 über einen für damalige Verhältnisse ungewöhnlich langen Zeitraum von mehreren Jahren hinweg beginnt, seine Tochter höchstpersönlich zu analysieren. Die Tatsache, daß Freud damit eklatant gegen seine eigenen Grundregeln verstößt, ist bisweilen gesehen und kritisiert, immer wieder aber auch heruntergespielt worden. Lehranalysen, so heißt das Hauptargument zu Vater Freuds Entlastung, seien damals, anders als heute, eben noch ganz unkonventionell durchgeführt worden, da es noch keine vorgeschriebenen Ausbildungsrichtlinien gegeben habe. Wer aber die Konsequenz kennt, mit der Sigmund Freud für seine Ideen einstand, muß hier den Kopf schütteln, denn er selbst wußte am allerbesten, daß er als Lehranalytiker seiner eigenen Tochter zwar nicht formal, aber doch in eklatanter Weise inhaltlich gegen psychoanalytische Maximen verstieß. Ironischerweise hat ihm gerade Ernest Jones dies noch Jahre später bei Gelegenheit unter die Nase gerieben.

Die Übertragung der (verbliebenen) Gefühle aus der Kindheit der Patienten auf den Analytiker ist der zentrale Vorgang in der Psychoanalyse. Mit dem Vater als Analytiker aber kann die Übertragung bestenfalls von der Herz- in die Magengegend gelingen. Sigmund Freud sah dies anders, er fand, die Analyse seiner Tochter sei ihm eigentlich recht gut geglückt. Zweifelsohne ging es hier dem »Vater der Psychoanalyse« nicht darum, bloß eine weitere Schülerin zu gewinnen. Vielmehr will er in seiner Tochter eine aufopferungsvolle Stütze haben, jetzt, da seine Schule mehr denn je durch Dissidenten bedroht ist. Und Anna wird ihn nicht enttäuschen.

Bescheiden und hartnäckig sucht und findet Anna Freud mit Unterstützung des Vaters ihren Weg an die Spitze der psychoanalytischen Organisationen. In ihrer theoretischen Arbeit fügt sie wichtige Bausteine in das System ihres Vaters ein, die das Gebäude tragfähiger und weniger angreifbar machen. Ihre Arbeiten stehen von Beginn an ganz im Geiste ihres Vaters, und sie schart in den folgenden Jahren eine beachtliche Hausmacht folgsamer Jünger um ihn, die sein Werk gedanklich und organisatorisch abschirmen helfen.

Anfang der zwanziger Jahre erkrankt der Vater an Krebs, Anna pflegt ihn, reist mit ihm, ist für ihn da, wo immer er sie braucht. Amüsiert bemerkt er gegenüber einer Freundin, daß er mittlerweile gänzlich abhängig geworden sei von seiner Tochter Anna – so wie vom Rauchen. Die Tochter, dem Vater so unentbehrlich wie seine Zigarren? Wenn das keine zweifelhafte Rolle ist – aber es ist die ihres Lebens.

Erst recht, nachdem Freuds im Jahr 1938 von den Nazis aus Wien vertrieben werden. »Anna-Antigone« (Sigmund über Anna) opfert sich unermüdlich für ihn auf, bis zu Sigmund Freuds Tod im Londoner Exil 1939. Freuds Haus in Hampstead gestaltet Anna zum Museum, alles bleibt so, wie es zu Vaters Lebzeiten war. Nach seinem Tod verwaltet sie sein geistiges Erbe und wacht aufmerksam darüber. Man wirft ihr die »Versklavung« der Psychoanalyse, »Tyrannis«, eine »wohlmeinende Diktatur« vor; ehemalige Patienten attestieren ihr mitunter ein verengtes, puritanisches, altjüngferliches Verständnis von Sexualität.[11] Ob Anna Freud das beeindruckt hat, bleibt fraglich; zu sehr stand sie ihr Leben lang unter dem Einfluß des gewaltigen Vater-Imagos Sigmund Freuds.

Kein Zweifel, ohne Anna Freud stünde die Lehre ihres Vaters nicht so gefestigt da, wie es in der Theorie und mehr noch in der Praxis der Psychotherapie heute der Fall ist. Aber was wäre vielleicht aus Anna Freud geworden, wenn ihr Vater sie nicht in der skizzierten Weise an sich gebunden und gesteuert hätte? Vielleicht ein Mauerblümchen (wie sie befürchtete), eine verkümmernde Lehrerin, oder eher eine Künstlerin (sie schrieb Familiendramen in kleinen schwarzen Heften), am Ende gar eine Häretikerin der Psychoanalyse? Der Vater, real und als Imago, ließ ihr nicht den Raum, das herauszufinden.

## Mann, Thomas

Da will einer »sagen und singen vom Kindchen, dem jüngsten« der Seinen, das ihm »erschien in härtester Zeit, da ... (er) nicht mehr jung war«.[12] »Das Kindchen«, Elisabeth Veronica, später Medi genannt, erschien dem steifen Sänger Thomas Mann im April 1918. Er war dreiundvierzig Jahre alt und der Seinen waren bereits vier Kinder, die er aber bloß um der Mutter willen liebe. Die seltsam schwärmerische Leidenschaft für sein bis dato jüngstes Kind hat die Biographin der Familie Mann, Marianne Krüll[13], vermuten lassen, daß der berühmte Vater, »T.M.«, der »Zauberer«, wohl mehr von seiner eigenen Verliebtheit ins »Kindchen« entzückt gewesen sei denn durchdrungen von unmittelbarer Liebe zu seinem Töchterchen Elisabeth. In der Tat steht die Verliebtheit des Vaters auf tönernen Dichterfüßen. Kaum zeigt sich die kleine Elisabeth einmal eigensinnig, »verweigert Nahrung und Schlaf, wenn es ihr einfällt«, ist der Dichter enttäuscht und irritiert: »Bedenken«, notiert er sogleich.[14]

Exakt ein Jahr später wird T.M. erneut Vater, seine

Frau Katia ist entsetzt, sie will kein weiteres Kind. Manns hatten bereits eine Abtreibung erwogen, am Ende aber hat der Dichter nichts gegen ein sechstes Kind einzuwenden, außer vielleicht, daß es das »Erlebnis« Elisabeth beeinträchtigen könnte.

Der jüngste Mann, Michael, in Vaters Familiengeschichte *Unordnung und frühes Leid* als der vierjährige »Beißer« auszumachen, wird später Musiker und Germanist werden – und zum Alkoholiker. Bei der Lektüre der Tagebücher seines Vaters, deren Herausgabe Michael Mann nach 1975 zugesagt hatte, stößt er auf jene Stelle, die ihn als um ein Haar abgetriebenes Kind ausweist. In der Neujahrsnacht 1976/77 stirbt er nach der Einnahme von Barbituraten und Alkohol.

So gefährlich zartfühlend und schwärmerisch sich »der Zauberer« einerseits geben konnte, so plump, stur und ablehnend verhielt er sich andererseits gegenüber seinen Kindern. Monika Mann, sein viertes Kind, kann sich nicht erinnern, daß ihr Vater jemals ein vertrautes Wort mit ihr gesprochen habe [15], sie schien für ihren Vater gar nicht zu existieren. Sie leidet unter Depressionen, ihr kritisches und abweisendes Wesen fallen dem Dichtervater auf den Wecker. T.M. verspürt eine tiefe Abneigung, sich um seine »hysterische« Tochter zu kümmern, und macht daraus kein Hehl.[16] Zeitweilig erklären die Eltern sie für verrückt und stecken Monika in ein Heim (in kein gewöhnliches, versteht sich, sondern in ein anthroposophisches Heim, Mann hält schließlich auf sich).

So scheint es schon gesundheitsförderlich zu sein, wenn man vom Vater mehr oder weniger unbeachtet, gleichsam aus der Deckung heraus, sein Leben lebt wie Angelus Gottfried Thomas, genannt Golo, das dritte

Mann-Kind. Aus Golo wird später ein eigenwilliger, umstrittener Historiker werden, dessen brillante Darstellungsweise nicht leicht wiederholbar sein dürfte.

Es war ein kluger, vorsichtiger Lebensweg, den sich Golo Mann wählte, besonders, wenn man ihn mit den ungestümen Ambitionen seines älteren Bruders Klaus vergleicht, der dem Vater von klein auf nacheifert und trotz seiner literarischen Begabung Vaters Ruhm nie erreichen kann.

Der Vater seinerseits hegt schon früh Bewunderung für den »schönen Knaben«, »wunderliche Empfindungen« für Klaus verspürt er, »kolossal« findet er schon »seine bloßen Beine«.[17] Thomas Manns ganz körperlicher Begeisterung für Klaus stehen seine Strenge und Ablehnung gegenüber dem ältesten Sohn krass entgegen. Den väterlichen Segen verweigert er ihm – nicht zuletzt mit Blick auf Klaus' im Unterschied zum Vater offen bekannte Homosexualität.

Deprimiert, verlassen, drogensüchtig, nimmt sich Klaus 1949 in Cannes das Leben. Der Vater befindet sich soeben mit Frau und Tochter Erika, seinem ersten Kind, auf Vortragsreise in Europa. Zur Beerdigung des Sohnes findet er nicht den Weg.

Wer bis zuletzt beim Vater blieb, Thomas Manns Tochter Erika, war zuerst gekommen. »Eri« wurde im November 1909 geboren, und der Vater berichtet seinem Bruder Heinrich sogleich[18], wie enttäuscht er ist: Die Geburt eines Mädchens verletzt seine poetischen Gefühle, er hätte »einen Sohn mehr als Fortsetzung und Wiederbeginn meiner-selbst unter neuen Bedingungen« empfunden. Wenigstens das angehängte: »Oder so« durchbricht den Ton patriarchalen Snobismus, der sich wie künstlicher Farbstoff über das – und nicht nur dieses – Mannsche Blatt ergießt.

Wer die Lebensgeschichte der Erika Mann von hinten nach vorne liest (sic!), stößt auf ein Rätsel. Erika Mann, die 1969 in Zürich starb, galt im öffentlichen Bewußtsein der fünfziger, sechziger Jahre als biestige Sekretärin, als cerberusgleiche Gralshüterin des Nachlasses ihres Vaters, die mit eiserner Strenge die Oberaufsicht über sein Andenken zu führen trachtete. Als sie 1960 beginnt, die Briefe »des Zauberers« (der Name war ihre Erfindung) herauszugeben, macht sie sich mit spitzer Feder über alle Stellen her, die ihr nicht originell genug oder kompromittierend vorkommen, die den Vater zum Beispiel schon damals mit seinen homosexuellen Neigungen gezeigt hätten. Sie gleicht das ernüchternde, verstörende reale Bild ihres Vaters ihrem verinnerlichten Ideal an; andere sprachen von Verfälschung. Drehbücher der Verfilmungen von Thomas-Mann-Büchern kontrolliert sie oder schreibt sie um, und sie vergißt nicht, dabei auch für sich selbst eine Rolle vorzusehen.

Der verbissene Kampf der Tochter um ein durch und durch geschöntes Vaterbild aber steht in auffälligem Gegensatz zu dem wilden, aufmüpfigen Leben der Erika Mann in ihrer Kindheit und Jugend bis hinein in das mittlere Erwachsenenalter, in dem sie mit Kritik am Vater nicht gespart hatte. Erika Mann galt als ein widerspenstiges kleines Mädchen, das zusammen mit Bruder Klaus die Nachbarschaft unsicher machte und Lehrer/innen und Erzieher/innen zur Verzweiflung trieb. Sie wurde Schauspielerin bei Max Reinhardt, Journalistin, Publizistin, Kinderbuchautorin, Gewinnerin der großen 10000 km-Rallye durch Europa. Gegen die Würze ihres antifaschistischen Kabaretts »Die Pfeffermühle« nehmen sich heutige Kabaretts offenbar nicht wie »Stachel-«, sondern wie domestizierte Hausschweine aus. Den Vater kritisierte sie scharf wegen seines anfangs laschen öffentlichen Widerspruchs gegen die Nazis in Deutschland.

Also: Von der wilden, mutigen, auch gegenüber dem Vater kritischen jungen Frau – zum »bleichen Nachlaßschatten« ihres Vaters, wie sie selbst am Ende ihres Lebens befand.[19] Wie war das möglich?

Erika Mann, so scheint mir, hat auf vielerlei Arten versucht, das Manko in den Augen des übermächtigen Vaters wettzumachen, »nur« eine Tochter und kein Sohn zu sein. Anders als ihre Biographin Irmela von der Lühe[20] glaube ich nicht, daß sie sich in ihren mannigfaltigen Aktivitäten »verzettelt«, sondern daß sie ihre Kräfte verbraucht hat. Es waren Versuche, mittels turbulenter Selbsterprobung dem Magnetismus des Vaters zu entkommen. Doch reichten ihre Widerstandskräfte – erst recht in Anbetracht von politischer Verfolgung, Exil, Rückkehr in die ungeliebte Heimat – nicht aus. Thomas Mann muß dies gespürt haben, als er mit ihr 1948 vereinbart, »Erika-Mann« solle gleichsam sein »Eckermann« werden. Wie ein elastisches Band, das bis an die Grenze seiner Dehnbarkeit gespannt wird und zum Ausgangspunkt zurückschnellt, schnurren auch die Autonomiebestrebungen der Erika Mann gegenüber dem Vater zusammen. Am Ende hat sie sich dem »Zauberer« ganz verschrieben und sich selbst verloren.

## Otto Plath

Otto Plath ist nicht berühmt geworden, seine Tochter wurde es (post mortem), und durch sie, Sylvia Plath, ist auch der Vater unsterblich geworden. Am Ende eines Gedichts mit dem harmlos anmutenden Titel »Daddy« aus dem legendären, nachgelassenen Gedichtband *Ariel* heißt es: »Daddy, daddy, you bastard, I'm through.« [21]

Wie ein schwarzes Band mäandert das Bild des toten Vaters durch die Werke seiner Tochter. Sie hat ihn nur die ersten acht Jahre ihres Lebens gekannt, dann starb Otto Plath, im Alter von fünfundfünfzig Jahren, im November 1940.

Otto Plath wurde 1885 in dem kleinen Ort Grabow im preußischen Regierungsbezirk Posen geboren. Mit sechzehn wandert er in die USA aus, wo ihm seine bereits vorausgezogenen Großeltern ein College-Studium in Wisconsin finanzieren. Aus Otto soll nach ihrem Willen ein Pfarrer werden. Doch der strebsame Junge hat eigene Ansichten von der Welt, und die gründen sich nicht zuletzt auf Charles Darwin, der wiederum an lutheranischen Seminaren nicht eben zur empfohlenen Lektüre zählt. So widmet er sich lieber der Biologie und nebenbei der Literatur. Darüber kommt es zum unwiderruflichen Zerwürfnis mit seiner Familie. Nicht nur die Großeltern, auch seine Eltern, seine drei Brüder und seine beiden Schwestern, die allesamt später nachziehen, verweigern jeden Kontakt mit ihm.

Allein auf sich gestellt, ohne den moralischen Rückhalt der Familie, beißt er die Zähne zusammen und erarbeitet sich Stück um Stück seinen Platz. Er arbeitet als Deutschlehrer, widmet sich dann zunehmend der Biologie, promoviert spät, mit dreiundvierzig Jahren, und wird schließlich ein Hochschullehrer, der durch die Akribie seiner Arbeiten sowie durch seinen eigenwilligen Lehrstil auffällt. Vor den Augen seiner Studenten häutet, kocht und verspeist er zum Beispiel Ratten, um seinen entgeisterten Schülern ihre erlernten Vorurteile zu verdeutlichen.

Nachdem er sich von seiner ersten Frau hat scheiden lassen, heiratet er die sehr viel jüngere, ehrgeizige Studentin Aurelia Schober. Aurelia und Otto bekommen zwei Kinder. Das Mädchen, Sylvia, und ihr jüngerer Bruder Warren sollen strikt nach »modernsten« pädagogischen Maßstäben erzogen werden. Zu Hause übt Otto ein strenges Regiment aus, von seiner jungen Frau erwartet er Unterordnung, von seinen Kindern Disziplin und Leistung. Seine Tochter gibt sich die größte Mühe, ihm zu gefallen. Sie ist überaus lernbegierig, tanzt und singt ihm vor – wenn er ihre Nähe erträgt. Und Otto gefällt es, seine vielseitig begabte Tochter öffentlich zu testen, schon als Kleinkind lernt sie für solche Auftritte mehrsilbige lateinische Vokabeln für Insekten auswendig.

Otto Plath ist der geliebte und gefürchtete Gott im Leben seiner Tochter, und er zieht die Ältere dem Sohn deutlich vor.

Da geschieht etwas Merkwürdiges. Der Vater erlahmt, immer öfter muß er zu Hause arbeiten, weil ihm die Hochschule zu anstrengend wird. Er belegt folgerichtig das heimische Wohnzimmer mit seinen Büchern und Manuskripten und duldet keine Störungen. Will Aurelia einmal Besuch empfangen, wenn ihr Mann nicht da ist, fertigt sie eine Skizze von der Lage der Dinge, bevor sie sie verräumt, um nachher alles wieder an den rechten Platz zu legen, damit Otto nichts von alldem bemerkt.

Otto Plath wird indessen von Monat zu Monat schwächer, aber er weigert sich, zum Arzt zu gehen. Als endlich einer hinzugezogen wird, ist es zu spät, Plath hat Diabetes, sein Bein muß amputiert werden. Er übersteht die Operation, doch stirbt er kurze Zeit später infolge einer Schwäche und Komplikation.

Sylvia, die achtjährige Tochter, glaubt ins Bodenlose zu sinken. Der allmächtige Vater ist urplötzlich verschwunden. Der Tod des Vaters stürzt die Familie in eine schwere soziale und finanzielle Krise. Erst Jahre später, in ihren literarischen Arbeiten, begreift sie, daß sie sich schon damals als Kind betrogen gefühlt hatte.[22] Hatte er sich im Grunde nicht aus dem Leben gestohlen, aufgrund einer Schwäche, die er ihr immer vorenthalten hatte? Hatte er nicht von klein auf die hohen Ideale von unbedingtem Leistungswillen und Selbstdisziplin in ihr entfacht, an denen er am Ende selbst zerbrochen war? Ideale, an denen auch Sylvia am Ende scheitern sollte.

Es ist wahr, Otto Plath hat sich selbst und seine Familie, besonders aber seine Tochter getäuscht; die Bürde des rückhaltlosen Einzelkämpfers hatte ihn zu viel Kraft gekostet, um sie weiterhin zu tragen. Als er, sich leise davonschleichend, stirbt, ist der Keim aber bereits gelegt: Ein unbändiger Ehrgeiz ist zeitlebens kennzeichnend für Sylvia Plath, der innere Zwang, den kolossalen Ansprüchen, die der Vater schon so früh an sie gestellt hatte, immer und in allem gerecht zu werden.

Fortan aber fehlt der Vater, der ihr sagen könnte, es sei genug, sie könne sich ausruhen, oder dem sie sagen könnte: Es reicht mir, ich will nicht an deinen Ansprüchen zugrunde gehen! Ihr Ehrgeiz ist deshalb grenzenlos, und ihre Verzweiflung über die unweigerlich auftretenden Versagensgefühle, ihre Zerrissenheit in den Gefühlen gegenüber dem Vater drückt sie aus in ihren Gedichten.

Das Leistungsprinzip des Vaters ergreift natürlich auch die soziale Rolle als Mädchen und später als Frau, die sie ebenfalls perfekt auszufüllen und auf Dauer vergeblich mit der literarischen Arbeit in Einklang zu bringen sucht. Die rigiden sozialen Normen des Amerika der fünfziger Jahre tun ein übriges, um Sylvia Plath zu überfordern. Sie bricht zusammen, wird depressiv, versucht sich umzubringen, wird psychiatriert, erholt sich wieder – und verliebt sich schon bald in einen Mann, den Schriftsteller Ted Hughes, in dessen Dienst sie nun ihre Energien einsetzt. Auf fatale Weise fühlt sie sich durch ihn an ihren Vater erinnert, beide sind »Kolosse« für sie, ungeschlachte Riesen.[23]

Obwohl sie selbst die talentiertere Autorin ist, arbeitet Sylvia Plath praktisch als Sekretärin für ihren Mann. Nur noch unter extrem schwierigen Bedingungen kann sie ihren eigenen Arbeiten nachgehen. Als ihre Belastung am größten ist, als Mutter zweier Kinder, Sylvia ihm daher wohl auch nicht mehr wie gewohnt nützlich sein kann, zerbricht die Ehe.

Sylvia Plath hat sich an einem Sonntagmorgen in ihrer Londoner Wohnung durch das aufgedrehte Gas des Küchenherdes das Leben genommen. Ihr Beispiel zeigt, wie das destruktive Lebensbeispiel des Vaters und sein selbstmörderischer Auftrag an die Tochter auch ohne seine physische Präsenz funktionieren. Zeit ihres Lebens befand sich Sylvia Plath auf der Suche nach einem »Vater«, der ihr hätte sagen können, daß sie genügt, oder dem sie hätte sagen können: Ich bin ich selbst, und das genügt! Daß der Vater sie zu Höchstleistungen animierte, denen er selbst nicht gerecht werden konnte, daß er sich still verabschiedet und ihr damit die Möglichkeit geraubt hat, zu lernen, ihm und seinesgleichen die verlangten Opfer zu verweigern, darin liegt eben der Betrug, den sie selbst zu spät erkannt hat, als sie schrieb: »I am myself. That is not enough.« [24]

## Peter G.

Peter G. sitzt im Gefängnis, und es ist nicht meine Art, dem Steinhagel, der auf jemand niederprasselt, billig noch ein weiteres Geschoß hinterdreinzuschleudern. Mich interessiert an der öffentlichen Häme über das Schicksal des zur Zeit wohl berüchtigtesten Tochtervaters Deutschlands (schon beim Lesen seines Kürzels haben Sie ja eine sichere Annahme über die damit bezeichnete Person entwickelt!) lediglich ihr krasser Gegensatz zum respektvollen Bild, das Peter G. noch vor kurzem genoß. Die unverhohlene Schadenfreude über seinen schluchtentiefen Sturz nach kometenhaftem Aufstieg zeigt aber, wie viel Neid sich bereits in die frühere »Hochachtung« dem Manne gegenüber gemischt hatte.

Peter G. ist, wie man so sagt, ein einfacher Mann, der nicht sich, sondern seine Tochter hochgearbeitet hat, so weit, daß sie Deutschlands berühmteste, weil erfolgreichste Sportlerin wurde. Vater G. durfte sich nun jahrelang nicht wenig auf die systematische Förderung seiner Tochter einbilden, mit ihren Erfolgen wuchs auch sein öffentliches Ansehen.

Plötzlich schlägt die Stimmung radikal um. Anläßlich

eines Tatverdachts, den der Volksmund als unlautere Bereicherung bezeichnet, wird Peter G. nicht nur vorschnell als Krimineller gehandelt (wir leben in einem Land, das die Unschuldsvermutung nicht erfunden hat), sondern überraschend auch als vermeintlicher Rabenvater geoutet, der seinen Kopf auf Kosten seiner Tochter aus der Schlinge ziehen will. Interessant ist dabei nicht, ob dies Dichtung oder Wahrheit ist, sondern daß man in Presse und Öffentlichkeit nur zu bereit ist, das alles für wahr zu *halten*.

Das ist das Erstaunliche: Ein Vater, der für seine Tochter durchs Feuer gehen würde, wie es allemal hieß, steht mit einem Mal als ihr Blutsauger da. Wie ist dieser Meinungsumschlag vom Paulus zum Saulus zu erklären?

Zunächst einmal zählt hier nicht die bloße Tatsache allein, daß ein Neureicher, der anscheinend nicht genug bekommen kann, (vielleicht) dingfest gemacht werden kann. Die Empörung über den vampiristischen Vater, der seine Tochter aussaugt, verrät ein anderes Motiv hinter den heiß wabernden öffentlichen Gefühlsmassen. Es ist die plötzliche Erkenntnis, daß der väterliche Vampirismus womöglich so neu nicht ist, daß er vielleicht schon immer vorhanden, ja systematisch betrieben, zum väterlichen Prinzip gemacht wurde – mit dem Unterschied, daß man sich mit Vatern zuvor jahrelang selbst identifiziert hatte, während man ihn jetzt verteufelt.

Die Scheinheiligkeit der öffentlichen Empörung besteht natürlich darin, daß man die Indienstnahme von Töchtern für die Interessen von Vätern prinzipiell schon immer gestattet und sogar befördert hat, weil das kulturell als »völlig normal«, ja als geboten gilt. Nur wenn ein Vater über die Stränge schlägt, wie dies im Falle Peter G.

urplötzlich gemutmaßt wird, oder die Ausbeutung der Tochter auf andere Weise »übertrieben« wird, wallt die Empörung und mit ihr vielleicht auch ein kleines Stück unbewußten Schuldgefühls gegenüber den Töchtern pharisäerhaft auf.

Was uns bei den gesellschaftlich erfolgreichen Töchtervätern nicht selten begegnet, ist ein uraltes, kulturell gründlich eingeschliffenes Handlungsprinzip von Vätern, die auf dem erhofften Weg zu Ruhm und/oder Reichtum ihre Töchter für sich – ihre Ideen, ihre Lebensziele, ihre Werte, ihre Bedürfnisse – einnehmen und instrumentalisieren. Sicher fällt auch für die Töchter etwas ab, mitunter sieht es (für andere und für die Töchter selbst) so aus, als ginge es den Vätern wirklich nur um sie, die geliebten Töchter. Doch in Wirklichkeit führen die Töchter ein Leben im Namen des Vaters. Die Beispiele der Erika Mann oder der Sylvia Plath zeigen, welche fast übermenschliche Kraft die Töchter dazu bräuchten, den Über-Vater hinter sich oder doch wenigstens links liegen zu lassen, um sich auf die eigenen Werte zu besinnen. Ihrer Selbstverwirklichung im Wege steht die Rigidität eines Gehorsams, der hinter einer blendenden Fassade äußerlich kaum sichtbar sein mag, innerlich aber keine Freiheitsgrade gestattet.

## Durchschnittsväter

Robert war Anfang der Zwanziger einer der ersten, die sich in ihrer kleinen Heimatstadt im Westfälischen stolz als Besitzer eines Automobils ablichten lassen konnten. Freilich mußte es noch abbezahlt werden, aber als kaufmännischer Angestellter verdiente der junge Mann von fünfundzwanzig Jahren seine regelmäßige, gute, offizielle Reichsmark und machte mit ein paar Geschäften nebenher auch noch ein paar inoffizielle RM. Sein profaner Kaufmannsgeist war für die Liebe nicht eben geschaffen, fürs Liebemachen reichte es aber allemal. Schließlich war die kleine Stadt voller junger Dienstmägde, die gegen eine Heirat mit dem Herrn Angestellten wohl nichts einzuwenden gehabt hätten. Vor allzuviel Bindung aber wußte Robert sich wohl zu hüten; nur einmal vergaß er alles, in den Armen von Elisabeth, dem Mädchen mit den kupferroten Haaren. Vergeblich rannte der Arbeiter Coppenrath hernach dem Kaufmannslümmel die Türe ein, seine schwangere Tochter Elisabeth zur Frau zu nehmen. Robert hatte andere Pläne. Hatte er nicht im Nachbarort die Emmi kennengelernt, eine junge Waise, die in zwei Jahren volljährig und Vollerbin der stattlichen Summe von 4000 RM werden würde?

Er fuhr also, als die Geburt sichtlich heranrückte, mit seinem Auto dem Coppenrathschen Häuschen vor, packte die Elisabeth hinein und brachte sie zum nächstgelegenen städtischen Entbindungsheim, in dem die jungen Wöchnerinnen die Kosten, die sie verursachten, per Arbeitseinsatz noch an Ort und Stelle zurückzuerstatten hatten. Im August 1922 wurde Gerti geboren, und genau einmal noch trat Robert danach der Elisabeth unter die Augen, um ihr einen Satz Bettwäsche fürs Kind zu schenken. Hinfort überbrachte Roberts Schwester der jungen Mutter immer mal wieder eine, wie Robert fand, recht hübsche Summe für Gerti.

1926 wurde die Emmi ausbezahlt, und nun ging alles ganz schnell. Buchstäblich über Nacht fuhr man nach Hamburg und schiffte sich ein nach Amerika. Mit Emmis Geld in der Tasche war die Einreise kein Problem, und in New York freuten sich die Katholiken über jedes neue Mitglied in der Diaspora. Aus Robert wurde »Bob«, Emmi blieb Emmi, und beide zusammen hatten schon bald einen schwunghaften Handel mit Gartengeräten auf die Beine gestellt. Als dann die beiden Jungs geboren wurden, Peter und Al, konnte man es sich bereits leisten, von Brooklyn nach Long Island draußen zu ziehen. Von Gerti wurde nie gesprochen.

Vater Coppenrath war in der Zwischenzeit nicht untätig geblieben, er hatte dafür gesorgt, daß seine Tochter Elisabeth den verwitweten Bergmann Josef Kalkreuth bekam und seine halbverwaisten vier Kinder gleich mit dazu. Josef war wie das Bergwerk, in dem er arbeitete: düster und still, bis auf seltene Schlagwetter, und ein Garant für das tägliche Brot der Familie. Elisabeth war froh, daß Josef Gerti »auf seinen Namen nahm«, und Gerti spürte, daß endlich ein Boden unter ihre Füße kam.

Die Zeit verging, und mit sich nahm sie zwei Leben: 1975, vier Jahre, nachdem bereits Josef an seiner Steinstaublunge gestorben war, starb auch Elisabeth am Krebs. Vier Monate darauf bekommt Gerti, inzwischen längst selbst verheiratet und zweifache Mutter, Post aus Amerika. Ihr Vater kündigt seinen Besuch an. Seine heimlichen Drähte nach Deutschland hatte er nie erkalten lassen, und so hatte er erfahren, daß die Luft für einen Besuch bei seiner Tochter, die er fünf Jahrzehnte nicht gekannt hatte, rein wäre, da die Elisabeth ja nicht mehr war.

Selbstverständlich hatten seine kreuzkatholisch erzogenen Buben kein Sterbenswort von Vaters »Jugendsünde« erfahren, Robert gefiel sich in der Rolle des gestrengen Patriarchen, und Emmi hatte sich ohnehin ihr Leben lang in Schweigen geübt. Mit seinem Volkswagen made in USA ließ sich der alte Robert nach Deutschland schiffen und quartierte sich für einige Wochen bei seiner Tochter ein. Gerti sah den Alten mit einer Mischung aus freudiger Erregung und bitterem Entsetzen den Fuß über ihre Schwelle setzen. Dann überwand sie sich und suchte alles zu seinem Wohle zu richten. Im nächsten Jahr war er wieder da, und so regelmäßig bis zu seinem Tod im achtbaren Alter von fünfundneunzig. Einmal ließ er sich dazu hinreißen, Thea, seine deutsche Enkelin, nach Amerika einzuladen – »später mal«. Doch wußte sie nicht, daß er dies nur so dahin gesagt hatte, »später« kam nie, denn daheim in den Staaten sollten die Söhne doch von der Wahrheit verschont bleiben.

Peter und Al erfuhren erst nach dem Tod des Alten, daß sie einen Bruchteil des väterlichen Erbes mit einer Phantomschwester in Germany zu teilen hatten. Das war nicht weiter schlimm, aber peinlich und unangenehm. Man behält den toten Vater, der einem die Karriere von A bis Z finanziert hat, so gern in guter Erinnerung.

Robert ist der Typ Vater, den man ohne zu zögern als »Soziopathen« bezeichnen möchte. Einer jener stoischen Charaktere, von denen wir fälschlicherweise glauben, sie säßen vor allem in Gefängnissen, gingen über Leichen, ließen sich, einmal erwischt, zehn Jahre lang gleichmütig einsperren, um anschließend den nächsten Mord aufs Gewissen zu nehmen. Hier liegt ein Denkfehler vor, denn »Soziopathen« sind nicht unter-, sondern übersozialisiert; ihr Geschäft ist nicht die Kriminalität, sondern der ganz legale Seelenmord. Es sind Männer, die das Credo der Konkurrenzgesellschaft – Nur das gehört dir, was kein anderer besitzt! – in eine gewohnheitsmäßige Skrupellosigkeit von großer Selbstverständlichkeit überführt haben. Das macht ihr Verhalten so grauenhaft konsequent. In ihrem Leben gibt es bei genauerem Hinsehen keine Schlingerlinien, jede/r andere wird nach der egozentrischen Kosten-/Nutzenabschätzung für die eigenen Interessen taxiert. Das Markanteste an solchen Menschen aber ist ihre erschreckende Durchschnittlichkeit, ihre Gelassenheit und vor allem ihre Nicht-Irritierbarkeit. Es mag jedem Yoga-Jünger wie Hohn in den Ohren klingen, aber nur der Durchschnittssoziopath ruht wirklich in sich. Er badet in seiner Seele wie in einem vereisten Meer. Im übrigen aber ist er wohlangepaßt, routiniert-höflich und unauffällig.

Wie erkenne ich nun aber den (so verstandenen) Soziopathen im Vater? Ganz einfach daran, daß man ihm bestimmte Sadismen, die er mit seinem Kind veranstaltet und von denen er freimütig erzählt, einfach nicht glaubt. Der scherzt, denkt man und lacht, was der Soziopath umgehend als Zustimmung auslegt. So jedenfalls erging es mir mit Horst, den ich früher hin und wieder am Wochenende auf dem nahegelegenen Spielplatz mit seiner damals anderthalbjährigen Tochter Christa traf.

Horst war Mitte vierzig, seit fünfzehn Jahren verheiratet und hatte einen kleinen Laden für Lederwaren. Hochgewachsen, immer auf korrekte Weise leger gekleidet, stak er in der Landschaft wie ein aufgepflanztes Bajonett. Am auffallendsten (und unangenehmsten) war sein stechender Blick, ein Blick, der dich schamlos von oben bis unten wie mit Tentakeln abtastete, ein- und abschätzte. Ich vergaß seine Stimme: in mittlerer Tonlage, aber mit einem irritierenden tiefen Rasseln, das ich nicht anders denn als unterdrücktes Knurren auffassen konnte.

Horst erzählte mir einmal, daß er zur Zeit seine kleine Tochter ihren Finger immer so lange in den Papageienkäfig der Oma stecken lasse, bis der Vogel endlich zuhacke, weil es ihn (den Papagei) zu sehr aufrege. Zunächst glaubte ich es nur mit einem Menschen zu tun zu haben, der einen etwas absonderlichen Humor hatte. Für bare Münze nahm ich diese Bestrafungsexperimente nicht. Bis ich eines Tages Christas wunden Finger sah und Horst mir unumwunden erklärte, das seien die Folgen des Papageienexperiments, das nun, da Christa die Finger von dem Käfig lasse – zu ihrem eigenen Schutz schließlich –, erfolgreich abgeschlossen worden sei. Auch jetzt noch dachte ich, Horst sei sich womöglich über die Kraft eines Papageienschnabels nicht im klaren, und entsetzt wie unnötigerweise erklärte ich ihm, daß Christa ihren Finger dabei hätte verlieren können. »Ja, ja«, rief er begeistert, »der Vogel hackt dir eine Haselnuß klein, wenn du sie ihm in den Käfig hältst!«

Ein andermal steht Horst auf der obersten Stufe einer Treppe, die vom Rand des kleinen Teiches neben dem

Spielplatz nach oben führt, und wartet. Voll gepreßter Wut scharrt er mit seinen blankgeputzten schwarzen Schuhen über den verschmutzten grauen Betonboden. Fünf Stufen unter ihm steht Christa und wagt keinen Schritt mehr. Sie weint. »Christa ist anderthalb Jahre alt und kann verdammt nochmal die Treppe alleine steigen«, begründet er gegenüber einer diffusen Halböffentlichkeit seine Weigerung, ihr hochzuhelfen.

Vielleicht ist sie zu müde nach dem anstrengenden Spielnachmittag, vielleicht hat sie Angst, aus welchen Gründen immer, jedenfalls tut Christa noch zwei Schritte und macht dann, drei Stufen unterhalb ihres Vaters, keine Bewegung mehr. Horst muß Christas Weigerung, ihm weiter entgegenzukommen, als persönlichen Affront gedeutet haben. Sein Nacken färbt sich dunkelrot über seinem gemusterten Hemdkragen und der glänzenden moosgrünen Jacke.

»Christa, ich weiß, daß du das allein schaffst. Komm jetzt!«

Ein halbes Dutzend Augenpaare verfolgt mittlerweile das Lehrstück in Sachen Folgsamkeit gegenüber väterlichen Anweisungen. Für Horst geht es längst um sein väterliches Image schlechthin, die letzten drei Stufen stellen sich ihm als pure Machtprobe dar. Christa weint, ihr Schluchzen wird hoch und dünn und atemlos. Horst läßt nicht locker, er entschließt sich zu einem letzten einladenden Gurren: »Komm, Schatz. Wenn du es alleine schaffst, trage ich dich bis zur Wohnung.«

Doch urplötzlich, als man ihm schon zurufen möchte, doch endlich nachzugeben, will er nicht mehr warten. Er schnauft noch einmal vernehmbar beim Ein- und Ausatmen; darin liegt galliger Vorwurf und drohend eine mühsam unterdrückte Wut. Dann hebt er rasch und behende seine vor Schreck starre und abrupt schweigende Tochter hoch und macht sich vom Gelände.

Horst ist im übrigen ein Vater, der keine Hemmungen hat, seine Vorstellungen von Erziehung auf andere Kinder zu übertragen. Eines Samstagnachmittags im Sommer, als wegen der Ferien nur wenige Kinder auf dem Spielplatz waren, hatte er mächtig die Spendierhosen an. Jedem der vielleicht ein Dutzend Kinder, die soeben im Sandkasten rund um die große Rutsche spielten, gab er ein Eis am Stiel aus, das der Älteste von ihnen, ein vielleicht siebenjähriger Junge, in der Nachbarschaft holen ging. Die Kinder schmatzten wonnig ihr Eis und bedankten sich artig (»Danke schön, Horst!« – »Danke, Horst!« – alle kannten ihn zu meiner Überraschung bereits beim Vornamen), wozu er gönnerhaft einen Mundwinkel verzog. Ein Mädchen aber, das ich noch nicht sehr häufig hier gesehen hatte, ließ plötzlich ihr Eis in den Sand fallen und wollte sich offenbar wieder dem Spielen zuwenden. Nun ist das vielleicht nicht die feine englische Art, sein Eis im Sand zu panieren, statt es brav in den Papierkorb zu tragen. Aber kann man sich ernsthaft darüber aufregen? Insbesondere dann, wenn man die vielen hundert Zigarettenkippen betrachtet, die ringsherum ebenfalls fallengelassen wurden – von weitaus älteren Menschen? Horst regte sich auf. Er wies drohend mit dem Zeigefinger auf das schmelzende Eis und schrie: »Heb das auf! Heb das auf! Heb das auf!« Das war übrigens ein weiteres Merkmal von ihm: wenn er befahl, dann oft mehrfach hintereinander im gleichen Wortlaut (»Komm jetzt sofort mit, Christa! Sofort! Sofort! Sofort!«).

Das Mädchen aber kümmerte sich nicht um den aufgebrachten Mann, sondern schritt seelenruhig zu den Schaukeln, ohne ihn noch zu beachten. Zum Glück reicht der Einfluß des Soziopathen oft nur einen Sandkasten weit.

Man wird mir vorwerfen, ich würde, vielleicht aus masochistischen Motiven, die in meiner Kindheit wurzeln, die Väter im wesentlichen nur schlechtmachen und mit meiner eigenen Person auch nicht eben eine väterliche Lichtgestalt abliefern. Ich kann diesem Vorwurf nichts entgegenhalten, außer daß ich berichte, was ich – bei mir und anderen – gesehen und erlebt habe, und das kann man sich nun mal nicht aussuchen. Doch Geduld, wir kommen noch zu dem einen oder anderen Lichtblick unter den Töchtervätern, müssen uns zunächst aber den Weg an jenen entlangbahnen, bei denen es zunächst so aussieht, als handele es sich um wahre Prachtväter, bis sich das Bild überraschend verändert.

Bleiben wir noch ein wenig auf dem Spielplatz und vertiefen uns in eine kleine Szene, die nicht ohne exemplarischen Wert ist. Wir sehen inmitten des Sandkastens zwei junge Männer, etwa Mitte zwanzig, mit idealer Sandkastenkluft (blauen Arbeitshosen), sowie ein kleines, etwa dreijähriges Mädchen. Die drei bauen intensiv an einer Sandburg, die einer Pyramide gleicht und schon etwa einen halben Meter hoch ist. Bei längerem Hinsehen indessen fällt auf, daß die kleine Dreijährige nicht mitbaut, sondern der junge Vater und sein Freund und Sandstecher es ganz alleine tun. Von Zeit zu Zeit versucht das Mädchen, eine Schaufel Sand beizusteuern, was ein paarmal geduldet, ihr dann aber energisch verboten wird: »Hör auf, Jacqueline, du machst ja alles kaputt!« Also läßt Jacqueline sich in den Sand plumpsen und schaut den Männern frustriert beim Bauen zu.

Die beiden Bauherren haben sich ein wahres Meisterwerk vorgenommen. Von der Seite führt unten ein schmaler Tunnel bis in die Mitte der Pyramide, und von oben wird jetzt kunstvoll ein Schacht gegraben, der am Boden auf den Tunnel treffen soll. Schließlich ist der Moment gekommen, da die Bauherrenkunst sich bewahrheiten muß. Der junge Vater fischt sich eine Zigarette aus der Schachtel in seiner Jackentasche, steckt sie sich an, während er sich vor das Tunnelloch am Fuße der Pyramide kniet. Er bläst eine satte Ladung Rauch hinein, und tatsächlich dampft es jetzt oben aus dem Pyramidenschacht wie aus einer Lokomotive im alten Ägypten! Die Männer strahlen übers ganze Gesicht und möchten nun auch Jacqueline an ihrer Freude teilhaben lassen. (Für sie haben sie sich doch schließlich die Arbeit gemacht, oder?) Doch Jacqueline ist verschwunden. »Jacqueline? Jackie!« – Ich kann leider nicht berichten, ob sie sie wiedergefunden haben, geschweige denn, wo sie hingelaufen sein könnte. Der Tunnelbau war einfach zu spannend.

Die Sandkastenszene, so amüsant sie sich vielleicht ausnimmt, deutet leider auf ein ernstzunehmendes Problem: Väter wissen oft nicht, was sie mit ihrer Tochter anstellen sollen. Sie glauben zu wissen, daß zum Beispiel das Bauen großer Sandburgen Jungen- bzw. Männersache ist, und ich könnte mir vorstellen, daß der junge Vater einen Jungen viel eher in das gemeinsame Spiel einbezogen hätte als seine Tochter. Der Tochter aber wollte er eine Freude machen, indem er ihr »etwas Schönes« zeigte, doch die Arbeit daran war natürlich Vaters Sache.

Was wäre die Alternative für ihn gewesen? Zusammen

mit Jacqueline ihre Förmchen in die Hand zu nehmen und mit ihr Kuchen zu backen? Vor allen Leuten, am hellichten Tag, noch im Monteursanzug? Bewahre!

Eltern, auch Väter, denen indessen an einer Überwindung ihrer eigenen traditionellen Rollenfixierung gelegen ist, sind oft froh, wenn ihnen hierzu von klein auf konkrete Handlungsanweisungen gegeben werden, die unabhängig vom Geschlecht garantieren, daß sie dem Wohl des Kindes in jedem Fall förderlich seien. Wie kunstvoll aber Generalanweisungen für den Weg zum Glück des Kindes entarten können, mag das Beispiel von Jens zeigen.

Jens ist ein beruflich mit allen Wassern gewaschener Sozialpädagoge in der Jugendarbeit, der die Dinge sehr genau nimmt. Zur Hochzeit, die anläßlich der bevorstehenden Geburt seines Kindes stattfindet, bekommt er von seiner jüngeren Schwester ein Buch geschenkt. Die Autorin des Buchs hat jahrelang im Dschungel geforscht, um herauszubekommen, daß Kinder, Jungen wie Mädchen, von klein auf getragen werden müssen. Am besten wohl in einem Tuch, das auf dem Rücken zu binden ist, und zwar permanent. Die Rezepte »gegen die Zerstörung unserer Glücksfähigkeit in der frühen Kindheit«, wie es im Untertitel des Buches heißt, sind doch manchmal erstaunlich billig zu haben. Aber man muß konsequent sein, weiß Jens. Keine Frage, er würde seine süße kleine Dora liebend gern herumtragen, doch leider läßt ihm seine Arbeit ausgerechnet jetzt keine Zeit dazu. Abends kommt er erschöpft nach Hause und wundert sich: Das Kind schreit, obwohl es doch dagegen ein simples Rezept gibt – es im Tuch herumzutragen! Und richtig, da liegt das Kind auf dem weichen Fell, während die Mutter in der

Küche ohne Kind am Körper damit beschäftigt ist, sich ein Brot zu schmieren.

Das Kind liege auf dem Fell und schreie, läßt Jens seine Frau wissen, was sie schon weiß. Und ach, wie sei er müde, meine sie nicht auch, daß es am besten sei, das Kind ein wenig zu tragen? Sicher, das meint auch Inge, Jens' Frau, schlendert zurück zum Kind, nimmt es auf, setzt es ins Tuch und trägt es. Ruhe war.

Eine Stunde später erwacht Jens und hätte Lust, mit Inge ein wenig zu schmusen. Doch Inge ist mit Klein Dora beschäftigt, gibt ihr die Brust. Jens schaut zu und spürt ein galliges Gefühl in sich aufsteigen, das er nicht anders denn als Neid bezeichnen kann. Diese Brust hat er in letzter Zeit schon allzu oft entbehren müssen, und er kann nicht anders, er neidet seiner Tochter ihr wohliges Behagen beim Stillen. Endlich ist sie satt, aber das Bäuerchen fehlt noch, bevor sie schlafen gelegt werden kann. Ob Jens nicht Lust habe, Dora ein wenig zu tragen, fragt Inge. Zwar hat Jens Lust zu etwas ganz anderem, aber er schnallt sich den Glücklichmacher, das Tragetuch, um, greift Dora um ihren winzigen Leib, und schon brüllt sie wie am Spieß.

Dessen ungeachtet schwingt sich Jens sein Töchterchen auf den Rücken, doch sie schreit weiter. – Nanu, das Zaubermittel versagt? Das kann nicht sein, deshalb springt und sprintet Jens mit seiner Tochter auf dem Rükken durch die Stube wie ein tollwütiger Osterhase, doch Dora schreit die ganze Wohnung nieder. Damit, meint Jens, war nicht zu rechnen. Er reicht das schreiende Kind der Mutter zu treuen Händen zurück, und sofort ist es still. Ohne Tuch. Damit war noch weniger zu rechnen, meint Jens.

Allmählich dämmert es ihm aber, daß er einmal mehr Opfer seiner Tendenz geworden ist, messianischen Botschaften blindes Vertrauen zu schenken. Mehr noch, ihm wird klar, daß er die Theorie, wonach man Kinder zu ihrem Glück permanent tragen muß, letztlich dazu benutzt hat, die ganze Last der Verantwortung für seine Tochter seiner Frau zu über-tragen. Motiv: Eifersucht.

Die Eifersucht, oder vielmehr das Gefühl, weniger als einem zustünde, geliebt und beachtet zu werden, wird fach- und volkspsychologisch gerne dem Kind zugeschrieben. Stillschweigend wird vorausgesetzt, daß die Mutter bekommt, indem sie gibt, und der Vater (zumindest anfänglich) wenig zu geben hat, aber auch wenig braucht. In Wahrheit nagen alle familiär Beteiligten, ob groß oder klein, zumindest phasenweise immer mal wieder an dem Gefühl, zu kurz zu kommen, zu wenig beachtet zu werden, nicht mehr, nicht genug umsorgt, gehegt, gepflegt, geliebt zu werden. Für manche Männer ist dies Grund genug, schon während der Schwangerschaft, im (unter Umständen erneut) beginnenden Prozeß des Vaterwerdens Trost und Zuwendung in anderen Frauenschößen zu suchen. Manche Mütter scheinen wiederum ein besonderes Faible für die »schwangeren Männer« anderer Frauen zu entwickeln; nie wurden mir von gelernten Müttern derart offene sexuelle Avancen gemacht wie während Evas Schwangerschaft.

Vielleicht hofften sie, sich für die Treulosigkeit ihrer eigenen Männer während ihrer Schwangerschaft »rächen« zu können. Denn wie hat Freud sinngemäß über die in ihn verliebten hypnotisierten Patientinnen gesagt: Ich war weit davon entfernt, dieses plötzlich auftretende Phänomen auf meine persönlichen Qualitäten zurückzuführen.

Ein anderer Aspekt in Jens' Geschichte betrifft die Destruktivität von Eltern-Ratgebern, insbesondere wenn sie so prophetisch daherkommen wie das überaus erfolgreiche Buch von Jean Liedloff[1], von dem sich Jens, gleich Millionen anderer, einspinnen ließ. Doch wer von Elternbüchern spricht, darf von Väterbüchern nicht schweigen, besonders dann nicht, wenn sich, selten genug, ein Vater anschickt, eines über sich und seine Tochter zu schreiben. Der Kollege Wieck tat dies vor ein paar Jahren, nachdem er zu seiner inzwischen erwachsenen Tochter jahrelang »kaum Beziehung« gehabt oder sie gar nicht zu Gesicht bekommen hatte. Nun aber will ein Vater »erwachsen werden«, den üblichen väterlichen Versäumnissen nachspüren und gleich ein Buch darüber schreiben. Bei der Arbeit am Manuskript stellt er sich vor, seine Tochter würde das fertige Buch über sich und den Vater zufällig entdekken und sich freuen. Doch Freunde machen ihm rasch klar, daß es »völlig unmöglich« sei, das Buch zu veröffentlichen, ohne seine Tochter überhaupt gefragt zu haben. »Immerhin begriff ich diesmal sehr schnell, was zu tun war, und schrieb noch am selben Abend – nach drei Jahren Distanz also – einen Brief« des Inhalts: »Ich habe Sehnsucht nach Dir bekommen und ...«

Wem will er das eigentlich weismachen, seiner Tochter, den Leser/innen, sich selbst? Ein Buch, randvoll mit falschem Pathos (»Dich zu erreichen, wäre schön«), und ein vorzügliches Beispiel für die Ergüsse von Psychologen, die verbissen die deutsche Lufthoheit über Psych-Sprach verteidigen – jenen Sprachbrei aus Wort zum Sonntag, Courths-Mahler-Roman, Gruppen-»Blitzlicht« und exhibitionistischer Selbstanklage.

Und wie Töchter von sich und ihren Vätern zu reden

haben, weiß einer wie Wieck allemal. So, wie Alissa Walser die Protagonistin ihrer Erzählung *Geschenkt* sprechen läßt, geht es jedenfalls schon mal nicht: »Diese Sprache stößt mich ab.« Warum? Weil von »Fotze« und »Scheiße« die Rede ist? Weil Wieck, wie er gnädig spekuliert, »prüde« oder »altmodisch« sein könnte? Oder vielleicht ganz einfach deshalb, weil er schlicht ignoriert, daß es sich um eine literarische Erzählung handelt und nicht um eine wörtlich zu nehmende autobiographische Auskunft aus dem Leben der Walsers?

In der Erzählung trifft sich die Ich-Erzählerin mit einem Strichjungen, und tags darauf spricht sie mit ihrem Vater darüber. *Dies ist nicht meine ganze Geschichte* heißt bezeichnenderweise der Band, in dem die Erzählung Alissa Walsers erscheinen wird[2], aber für Wieck hat fraglos der Vater der Autorin selbst, »Martin Walser seine Tochter angerufen und wollte wissen, was sie alles gemacht hatte«. Nein, so was aber auch! Ein Buch als humorfreie Zone – mit diesem Tochtervater haben wir nichts zu lachen und kommen lieber zu einem, der glaubwürdiger ist.

Kerstin und Martin haben zwei Kinder: Luise, fünf, und Elisabeth, drei Jahre alt. Etwa ein Jahr nach Elisabeths Geburt warnte mich Martin eindringlich vor einem zweiten Kind: »Du mußt unbedingt bedenken, daß die Belastungen durch ein zweites Kind nicht aufs Doppelte, sondern exponentiell ansteigen! Also wenn du noch was erreichen willst in deinem Job – laßt es bei *einem*!«

Martin weiß, wovon er spricht, denn er ist Hausmann. Er ist es mit beherztem Engagement, wenngleich nicht aus theoretischer Überzeugung. »Kam halt so.« Martin studierte Betriebswirtschaft, nachdem er seinen Job als Buchhändler aufgegeben hatte, während Kerstin eine gutbezahlte Stelle im Management hatte, als sie schwanger wurde. Nach der Geburt studierte Martin weiter, so gut es ging, und kümmerte sich hauptamtlich um Luise, nachdem Kerstin ihren Job rasch wieder angetreten hatte, um ihn nicht zu verlieren. Als Elisabeth kam, wiederholte sich das Spiel, Martin brachte sein Studium mit doppelter Sauerstoffschuld knapp über die Ziellinie, meldete sich arbeitslos und blieb es. Bloß zu Hause nicht, denn als doppelter Tochtervater und Hausmann kann er nebenbei allenfalls ein paar Bewerbungen schreiben.

Martin, so will mir scheinen, wird seiner Vaterschaft gerecht, ganz ohne ideologischen Schaum vor dem Mund. Er liebt seine Gören ohne schmalzigen Beigeschmack, er ist Hausmann, weil das Leben ihm diese Rolle zugespielt hat, er füllt sie schwungvoll und pragmatisch aus, ohne zu vergessen, daß das noch nicht alles in seinem Leben gewesen sein kann. Vielleicht gibt es demnächst einen Rollentausch mit Kerstin, vielleicht wird alles so bleiben, vielleicht – aber wer weiß schon, was kommt. Martin jedenfalls behauptet nicht von sich, daß er es wüßte. Dafür weiß er, was er seinen Kindern, aber auch sich selbst schuldet, je nach Lage der Dinge.

Martin teilt das Schicksal, das sonst Frauen trifft, die ihren geschlechtsspezifischen Standortnachteil am Arbeitsmarkt im Falle ihrer Mutterschaft noch vervielfacht bekommen. Und da umgekehrt die Väter in der Regel die besseren Jobs im Vergleich zu ihren Frauen innehaben, wird die Kluft zwischen Hausmutter und Außerhausvater rasch unüberwindlich. Am Beispiel von Kerstin und Martin sehen wir aber, daß die Mühlen des Arbeitsmarktes prinzipiell geschlechtsunabhängig zermahlen, was ihnen zwischen die Räder kommt, daß selbstverständlich auch die beruflichen Höhenflüge von Vätern eine Bruchlandung erleben, wenn sie sich zu Beginn ihrer Elternschaft zufällig drinnen im Haus befinden und ihre Frauen draußen im Betrieb. Im Grabenkrieg um die Frage, wer zu Haus beim Kind bleibt, wird allzuoft vergessen, daß dies keine reine Privatsache ist, die man sich einfach aussucht und lebt. Kein Mensch käme auf die Idee, Kerstin die Flucht vor ihrer Familie vorzuwerfen, weil sie diejenige ist, die das Geld nach Hause bringt. Es ist wenig fruchtbar, gesellschaftlich organisierte Mißstände wie die Verteilung und Bezahlung bzw. Nichtbezahlung von häuslicher und außerhäuslicher Arbeit, die sich im Privaten niederschlagen, immer weiter zu individualisieren. Selbstgerechtigkeit auf der einen und ein schlechtes Gewissen auf der anderen Seite sind die besten Voraussetzungen dafür, daß alles so bleibt.

Ganz anders als Martin scheint einer wie Bernhard ganz in dem Wunsch zu leben, es möge in seinem Leben alles immer so weitergehen wie bisher. Bernhard ist ein äußerst stiller Handwerker, die Sorte Mensch, die einem jeden Gefallen tut. Bernhard und Hannelore, die halbtags als Kindergärtnerin arbeitet, sind gleich alt, haben mit fünfundzwanzig geheiratet; Lena, ihre Tochter, ist jetzt dreizehn. Und obwohl Lena bereits einen Freund hat, läßt sie sich doch den Sonntagsspaziergang mit Bernhard nicht nehmen. Seit Jahren gehen Bernhard und seine Tochter am Sonntag nach dem Mittagessen im Wald spazieren, während Hannelore, die nicht gern geht, wie sie sagt, auf dem Sofa ihre müden Füße ausstreckt. Kann sein, daß sie nach dem Spaziergang zu dritt auf dem Sofa noch eine Weile zusammenkrauchen, manchmal kuscheln dort auch nur Vater und Tochter, wenn die betriebsame Hannelore bereits wieder aufgestanden ist.

Für Bernhard wird Lena immer seine »Kleine« bleiben, mag sie auch noch so pubertieren. Das verschafft ihm Sicherheit im Umgang mit ihr, führt aber auch dazu, daß Lena ihrem Vater von ihrem Freund nicht erzählen mag (und daß ich die Geschichte hier nur mit gewissen Unschärfen erzählen darf, damit das mit dem Freund nicht herauskommt, denn auch Hannelore weiß von nichts, glaubt jedenfalls Lena).

Bernhard ist seit achtunddreißig Jahren auf der Welt, er arbeitet seit achtzehn Jahren in ein und demselben Betrieb, er ist seit vierzehn Jahren zufrieden verheiratet und seit dreizehn Jahren glücklicher Vater. Tag für Tag lebt er in festgefügten Kreisen, so soll es sein und immer bleiben. Im übrigen macht er nicht viele Worte, um nicht zu sagen, er schweigt sich aus. Bernhard gehört zu der großen Gruppe der Schweiger unter den Männern, und das ändert sich selten, wenn sie Väter werden, was beträchtliche Auswirkungen auf die Kinder haben kann.

Männer schweigen nicht alle in gleicher Weise. Es lassen sich im wesentlichen drei Typen unterscheiden. Da ist zunächst der Schweiger, der dreinschaut. Er sieht sich selbst durchaus nicht als schweigsamen Menschen, denn er hält im Gegenteil sein steinernes face für ebenso beredt wie das von Bogart. »N.A.R.« notierte sich Robert Mitchum laufend am Rand eines neuen Drehbuchs, und leider verspürt der Schweiger vom Typ Dreinschauen im realen Leben ebenso die Berechtigung, sich nach dem Mitchum-Muster zu verhalten: »No Action Required«.

Der zweite Typus schweigt aus philosophischen Gründen. Ihm ist alles um ihn herum zu banal, zu flach, zu eitel, zu hysterisch ..., als daß er es über sich bringen könnte, eines seiner kostbaren Worte darüber zu verlieren. Ihn plagen wichtigere Dinge: der Weltschmerz zum Beispiel oder der Ischias. Was sind dagegen schon die Dinge, die um ihn herum für wichtig erachtet werden.

Der dritte Typus ist der vielleicht am weitesten verbreitete, es ist der sozial-ängstliche Schweiger. Damit wir uns recht verstehen, er steht durchaus in fast allen Lebenslagen seinen Mann, es ist ihm ein Leichtes, Lieferanten Beine zu machen oder sich lautstark über die zu hohe Heizkostenabrechnung zu beschweren. Aber wenn er sich mit anderen unterhalten soll – das kann er nicht. Gesprächen über Privates, Intimes gar, geht er tunlichst aus dem Wege, ihn beschleicht ein unbehagliches Gefühl, schon wenn man ihn fragt, wie es der Familie gehe? Typische Antworten sind: »Wohl gut« oder »Wie soll's der gehen?« oder »Normal«.

Zu dieser dritten Sorte von Schweigern ist Michael zu zählen. Michael ist Polizist und hat gelernt, sich draußen auf der Straße bemerkbar zu machen. Zu Hause aber, in den eigenen vier Wänden, bekommt er die Zähne nicht auseinander. Begegnet man ihm dort, so ist kaum eine Bewegung, etwa zur Begrüßung, von ihm zu bekommen. Er äußert sich eben in keiner Weise, nicht einmal körperlich. Ein verbales schwarzes Loch, man wagt erst gar nicht, ihn anzusprechen, und wenn doch, dann läuft er garantiert schnell weg, um rasch nach dem Gartenschlauch zu sehen (wie man von seiner Frau erfährt).

Michael hat einen Sohn, Milan. Er ist jetzt drei Jahre alt, ein Junge mit einem ungemein ausdrucksstarken

Blick. Den braucht er aber auch, denn er spricht nicht. Ich bin mir sicher, er könnte es, und vielleicht spricht er heimlich, wenn ihn keiner beobachtet, ein paar Sätze, so zur Selbstvergewisserung, daß er es doch kann, oder auch nur aus Langeweile. Aber warum, so wird er sich denken, soll ich sprechen, wenn es der Papa auch nicht tut? Milans Mutter ist inzwischen beunruhigt und erwägt eine Logopädie. Besonders, nachdem man ihr im Kindergarten gesagt hat, daß Milan auch dort kein Wort verliert und der Umgang mit ihm dadurch arg anstrengend werde.

Das würde sich bestimmt ändern, meine ich, wenn Michael seinen Sohn ein einziges Mal mit auf die Wache nehmen würde, um ihm zu zeigen, was der Papa dort alles zu sagen hat. Doch Michael scheint mit seinem Sohn ganz zufrieden zu sein, vielleicht, weil er sich selbst in Milan gespiegelt sieht. Es scheint mir überhaupt ein wichtiges Merkmal von Vätern gegenüber ihren Söhnen zu sein, daß sie es darauf anlegen, die Stammhalter möchten ihnen möglichst gleichen. Im allgemeinen haben Väter weniger Probleme, sich, im Unterschied zu ihren Töchtern, mit ihren Söhnen zu identifizieren. Infolgedessen ist ihre Enttäuschung auch größer, wenn die Söhne anders sind als sie selbst. Während Väter gegenüber ihren Töchtern oftmals unbeteiligt, ignorant oder befremdlich agieren, legen sie sich bei ihren Söhnen nicht selten erzieherisch mächtig ins Zeug. Man beobachte nur einmal, wenn Väter versuchen, ihren ängstlich zappelnden kleinen Söhnen beizubringen, wie sie bis ganz hoch hinaus das Kletternetz erklimmen können. »Kletter ruhig höher. Papa fängt dich auf. Oder willst du ein Angsthase sein?« Papa jedenfalls will keiner (gewesen) sein, und er will auch nicht, daß sein Sohn einer wird.

Andere Väter, Angehörige eines Stammes, den sie unter sich »die Intelligenz« nennen, wollen nicht in erster Linie einen mutigen Sohn (das auch, am besten einen, der noch viel mutiger ist, als sie selbst es nie waren, oder so ähnlich), sondern einen, der genauso vernünftig denken kann wie sie. Bei diesen Vätern braucht jeder Furz eine rationale Begründung, und wenn sie noch so absurd ist. Hauptsache, sie klingt im ersten Moment vernünftig, dann wirkt sie auch, und der Sohn hat wieder was gelernt. Und zwar, daß gegen die Vernunft kein noch so ungutes Gefühl ankommt.

Dieses Kapitel handelt von Durchschnittsvätern und ihren Töchtern, und statt mich an dieser Stelle weiter mit Vätern und ihren Söhnen zu befassen – vielleicht ein andermal, in einem anderen Buch –, will ich auf jene Töchterväter zu sprechen kommen, die in der öffentlichen Diskussion der letzten Jahre als »ganz normale Väter« firmieren und »Väter als Täter«, das heißt Väter als Sexualstraftäter, bezeichnen sollen.

Im Diskurs um den »sexuellen Mißbrauch« wurde bereits die dritte Runde eingeläutet. Eine psychologische Zeitschrift debattiert mit ihren Leser/innen den »Mißbrauch des ›Mißbrauchs des Mißbrauchs‹«.[3] Diese Karikatur eines Stabreims wäre kabarettreif, käme darin nicht zugleich eine ernstzunehmende Verwirrung zum Ausdruck. Die »Mißbrauchsdebatte« ist endgültig aus dem Ruder gelaufen, der Diskurs ist ernsthaft gefährdet, im Schlick von Hilflosigkeit, Polemik und Diffamierung zu ersticken. Wer weiß eigentlich noch, worum es dabei geht? Wen darf man noch getrost zu den Aufklärern, wen muß man zu den Gegenaufklärern zählen?

Kaum ein Phänomen vereint Fach- und Regenbogenblätter in vergleichbarer Emotionalisierung wie der Vater-Tochter-Inzest: Sind Väter »Täter« oder vielmehr »Opfer« der Sexualphantasien ihrer Töchter? Was ist »sexueller Mißbrauch«, wo fängt er an, wann liegt Inzest vor? Wie unterscheidet er sich vom sexuellen Übergriff, von Belästigung und Ausbeutung? Wie ist es möglich, daß die einen »jede vierte Frau« als Mißbrauchsopfer betrachten, während die anderen dies für Zahlenmystik halten? [4] Ist wirklich »jeder Mann ein Kinderschänder«, wie die Presse [5] scheinheilig fragt? Ein wildes Hauen und Stechen tobt durch Fach- und Popularpresse, und inzwischen geraten sich »Warner« und »Entwarner« auch schon mal persönlich und ganz handfest in die Haare. Noch ist der Kampf in vollem Gange, und es lohnt zu fragen, wie es zu einem solchen Niedergang des Diskurses um den »Kindesmißbrauch«, insbesondere um den Vater-Tochter-Inzest, kommen konnte.

# Die Verwirrung um den sexuellen Mißbrauch

Die »Mißbrauchsdebatte« eröffnete vor gut einhundert Jahren Sigmund Freud mit der Behauptung, die Hysterie seiner weiblichen Patienten sei durch sexuellen Mißbrauch, »allzu häufig auch« durch einen »nahen Verwandten«, verursacht.[1] Die honorige Wiener Fachwelt zeigte sich schockiert über die Ungeheuerlichkeiten Dr. Freuds, der sie denn auch nicht lange mehr verfechten mochte. Er widerrief oder besser: deutete um, rettete jedenfalls seine soziale Existenz mit der neu entwickelten Theorie, es handele sich bei den berichteten sexuellen Übergriffen gegen seine Patientinnen um Produkte ihrer eigenen sexuellen Wünsche. Ödipus trat auf den Plan, mit dem Begehren des gegengeschlechtlichen Elternteils und der Eifersucht auf den gleichgeschlechtlichen Rivalen als Grundmuster des psychosexuellen Konflikts. Beim kleinen Mädchen »aber doch in irgendeiner Weise anders«, wie Freud erst später einsah.[2]

Ganz nebenbei ersparte ihm das nunmehr erhobene Primat der Phantasie gegenüber der Realität auch die schockierende Annahme, sein eigener Vater müsse als ein Beispiel für die Ätiologie der weiblichen Hysterie angesehen werden.[3] Da war es dann schon angenehmer, wenn alles ein Trugbild war.

Schon hier beginnt das Verwirrspiel, denn wer sich in der »Mißbrauchsdiskussion« als »Freudianer« bekennt, meint nicht den frühen, sondern den konvertierten, den (selbst-)aufgeklärten Freud, auf dessen Sexualphantasie (-theorie) man sich beruft, um anzuzeigen, daß die Phase der Theorie vom realen Mißbrauch gottlob hinter einem liege und nur noch für Leichtgläubige tauge. Freuds Wirklichkeitsauffassung hatte weitreichende Folgen für Theorie und Praxis der Psychoanalyse, die seitdem grundsätzlich davon ausgeht, daß das Berichtete der Patienten symbolisch zu interpretieren sei. Das Gesagte erscheint als das Uneigentliche, das für ein dahinterliegendes Eigentliches steht. Was aber das Eigentliche sei, das wissen eigentlich nur Psychoanalytiker/innen, und jeder Widerspruch der Patient/innen gegen ihre Deutungen wird freudig begrüßt als psychischer Widerstand, der die Analyse nur bestätigen kann. Opfern sexueller Gewalt wird auf diese Weise kunstgerecht der Wirklichkeitssinn abgesprochen. Es ist buchstäblich zum Verrücktwerden oder doch schier zum Verzweifeln.

Psychoanalytiker halten dem entgegen, daß sich die Psychoanalyse nun einmal für die *Bedeutung* der Kindheit im Erwachsenenleben interessiere, und es sei daher für die Analyse unerheblich, was von dem Patientenerleben wirklich geschehen und wieviel sich die Psyche hinzugedichtet habe. Diese Mißachtung des ach so »platten Wirklichkeitsbegriffs«[4] ist aber genau das Problem, das die Freudianer nicht sehen wollen, denn sie ist zugleich eine Mißachtung der Lebensgeschichte ihrer Patient/innen: Mag auch die Frage, was wirklich geschehen ist und was nicht, für »die Analyse« (wer ist sie: kennen wir die Dame?) uninteressant sein, für die Patient/innen ist sie es keineswegs. Warum wird – um nur ein einziges Beispiel zu geben –, seitdem die Schrift erfunden wurde, immer wieder von neuem in Biographien dem Leben von Menschen nachgespürt, die schon vor Jahren, Jahrhunderten, Jahrtausenden gestorben sind? Weil wir wissen wollen, was wirklich mit ihnen geschehen ist! Und natürlich deshalb, weil wir in ihrer Geschichte einen Teil unserer eigenen Wirklichkeit suchen. Es macht eben einen Unterschied (für mich), ob ich als Kind wirklich stundenlang in eine dunkle Kammer eingesperrt worden bin oder nicht; im zweiten Fall müßte es Gründe für meine Phantasietätigkeit geben, im ersten Fall Gründe für meine Eltern oder andere Erwachsene, mich derart gequält zu haben.

Leider ist die Haltung in der Psychologie insgesamt weit verbreitet, sich nicht primär für die »platte Wirklichkeit« zu interessieren, sondern sich immer gleich auf die »Strategien« ihrer »Bewältigung« (Coping) zu stürzen. Die Realität wird zur Relativität schon dadurch, daß die einen anscheinend »gut bewältigen« (good copers) und die anderen schlecht (bad copers). Was zählt, bist Du! – nicht, ob man dir (wirklich) eine reingehauen hat.

»Blaming the victim« kennt viele Formen. Im Falle des sexuellen Mißbrauchs reicht es, als kindlichen Triebwunsch zu deuten, was vom Erwachsenen ausgeht. Wo der Analytiker »Ödipus!« feststellt, spricht der Volksmund: Die wollte es ja selbst!

Eine neue Runde des »Mißbrauchsdiskurses« wurde erst in den letzten zwei Jahrzehnten eingeläutet. Hierzulande setzte sich ein neues Verständnis von Mißbrauchserfahrungen seit Ende der siebziger, Anfang der achtziger Jahre mit der Rehabilitation der »Traumatheorie« bei

Alice Miller sowie aufgrund der zunehmenden Artikulation betroffener Frauen durch. Die Berichte von Opfern sexueller Gewalt wurden nun buchstäblich ernstgenommen, und dies war sicher bahnbrechend für die Flut von Veröffentlichungen und Selbstberichten sexuell mißbrauchter Frauen. Das Problem schien uferlos zu werden. Die Schätzungen über das Ausmaß des sexuellen Mißbrauchs schwankten schon bald zwischen 40 000 und 300 000 Opfern pro Jahr. Solche Probleme bei der statistischen Erfassung eines sozialen Problems sind durchaus nicht ungewöhnlich. Im Drogenbereich etwa ist bis heute eine Schätzung des Umfangs der »Grundgesamtheit intravenös Drogenabhängiger« in der Bundesrepublik seriös kaum möglich, die Schätzungen reichten hier noch 1990 von 55 000 bis 200 000 Drogenkonsumenten. Auch im Falle von Aids stritt man jahrelang erbittert um seriöse epidemiologische Schätzungen.

Die statistische Erfassung des sexuellen Mißbrauchs setzt jedoch, wie bei jedem anderen Phänomen, unter anderem eine genaue Begrifflichkeit voraus. In der Öffentlichkeit allerdings kursiert, kräftig angeheizt durch spektakuläre beziehungsweise schlüpfrige mediale Aufbereitungen, der Begriff des »Mißbrauchs« längst als Synonym für den Inzest zwischen Vätern und Töchtern. Die Einsicht, daß es durchaus nicht zwangsläufig der eigene Vater ist, der seine Tochter sexuell mißbraucht, wenngleich es meist auch nicht der große Unbekannte ist, durch den es »am hellichten Tag« geschehen kann, wurde in den verschiedensten Medien schon aus Geschäftsgründen nicht eben gefördert. Zu prickelnd ist der Lustgewinn, zu archaisch der schöne Schauder, den die Vorstellung von »echter Blutschande« der interessierten

Rezipientenschaft zu bereiten verspricht. Mit der Rezeption des Vater-Tochter-Inzests ist es wie mit schweren Gewaltdelikten in anderen Verbrechensbereichen: Während etwa der Mord nur einen Bruchteil der Gesamtkriminalität ausmacht, erscheint uns dieses »Kapitalverbrechen« wegen seiner Dauerpräsenz in den Medien als die dominante Verbrechensform.

Der Vorwurf ausgerechnet gegenüber den Protagonist/innen der Aufklärung über den sexuellen Mißbrauch, sie hätten den Pauschaleindruck von »Vätern als Tätern« aus unlauteren Motiven selbst herbeigeführt[5], ist nun aber bereits Teil der nächsten Runde im Kampf um den »Mißbrauch«. Ein breitangelegtes Rollback, zeitlich kaum verzögert zu der entsprechenden Diskussion in den USA, sorgt seit kurzem auch im deutschsprachigen Raum zunehmend für die altbekannte Diskreditierung der Opferberichte. Während sich die Rollback-Bewegung in den USA die Formel »False memories!« (Alles falsche Erinnerungen!) auf die Fahnen schreibt, wurde hierzulande mit der ungeheuer originellen Wortschöpfung vom »Mißbrauch des Mißbrauchs« einfach der Spieß umgedreht (Lingua tertii imperii – die Sprache des Dritten Reiches läßt grüßen).

Fatal an dieser Entwicklung ist vor allem, daß auf richtige Problematisierungen die falschen, um nicht zu sagen schädliche Antworten gegeben werden. So ist es selbstverständlich richtig, daß die Verurteilung eines Beschuldigten in einer Demokratie juristisch unzulässig sein sollte, wenn zum Beispiel Aussage gegen Aussage steht und anderweitige Beweise fehlen. Das gilt für den Vorwurf sexueller Gewalt wie für jeden anderen Tatvorwurf.

Aber deshalb muß die Integrität des Opfers oder auch seine Aussage selbst nicht in Zweifel gezogen werden, sie kann unter Umständen eben nicht bewiesen werden. Im Zweifel für den Angeklagten ist in der Bundesrepublik ein Rechtsstaatsprinzip, das für mutmaßliche Sexualstraftäter genauso gelten muß wie für alle anderen Angeklagten vor Gericht.

In den USA erlebt man seit einiger Zeit das Phänomen massenhafter Wiederaufnahme von Verfahren, in denen die Beschuldigten aufgrund der berichteten Erinnerungen an sexuelle Gewalt, jedoch ohne weitere Beweise verurteilt worden waren. Anstatt aber die begrenzten Mittel der Justiz zu sehen, des sexuellen Mißbrauchs juristisch Herr zu werden, wird statt dessen jenseits der Gerichtsschranken die Glaubwürdigkeit von Erinnerungen mit pseudowissenschaftlichem Budenzauber in Zweifel gezogen.

Dies geschieht neuerdings insbesondere dann, wenn die Erinnerungen im Verlaufe einer Therapie auftraten.[6] Zu Recht wird auch hier von den Anhängern der False-Memories-Bewegung kritisiert, daß man Therapeuten, die – anders als Freud – bestimmte Erinnerungsspuren als verschüttete sexuelle Gewalterfahrungen auffassen, nicht blindlings Glauben schenken sollte; sie könnten sich irren. – So wie sich viele Psychoanalytiker irrten, als sie dieselben Berichte selbstredend als kindliche Inzestwünsche interpretierten.

Eine kritische Haltung gegenüber Therapeuten, gleich welcher Couleur, ist immer, in jeder Therapie, anzuraten. Ein Therapeut, der sich selbst für unfehlbar hält, ist keiner! Der Therapeut kann also immer nur seine ureigene, professionell geformte Wirklichkeitsauffassung anbieten.

Ihn aber für seine Auslegungen haftbar machen zu wollen, wie dies derzeit in den USA geschieht, ist fatal. Ebenso wäre es zwar berechtigt, über einen Analytiker, der den Gewaltopferstatus seiner Klientin verkennt, verbittert zu sein. Ihn aber wegen unterlassener Hilfeleistung verklagen zu wollen, wäre wahrhaftig unangemessen, denn die Ursache für seinen Diagnostikfehler waren vielleicht mangelnde Empathie, theoretische Voreingenommenheit oder unzulängliche Meßinstrumente. Um eine strafwürdige Boshaftigkeit handelt es sich dabei jedoch nicht. Er ist dann ein schlechter Therapeut, aber kein Straftäter. Die Strafandrohung für Therapeuten, die glauben, auf verdrängte Mißbraucherfahrungen gestoßen zu sein, läßt sie zukünftig im Zweifel sicher verstummen; das Thema ist damit nicht mehr kommunizierbar, tabu. Und das hatten wir ja schon.

Wie schon bei der juristischen Behandlung des Problems wird auch bei der Therapie ein allgemeines Problem, nämlich das der asymmetrischen Beziehung zwischen Therapeut/in und Klient/in und der Gefahr, einer therapeutischen Suggestion zu erliegen, benutzt, um es als Spezifikum bei der Aufarbeitung sexueller Gewalterfahrungen auszugeben.[7]

In Deutschland haben sich in dieser Kunst besonders die Pädagogen Wolff und Rutschky hervorgetan. Auch bei ihnen entdecken wir wieder die gleiche bewährte Methode. An der einen Stelle warnt etwa Katharina Rutschky zu Recht vor der Gewohnheit, »alle Szenen in einen Topf zu werfen, in denen Kinder mit erwachsener Sexualität konfrontiert werden«[8], und sie unter sexuellem Mißbrauch zu subsumieren. Im weiteren Verlauf aber dienen ihr die vorgeblichen »Fakten« dazu, den vermeintlichen Geschäftssinn der spärlichen Einrichtungen für die Opfer sexueller Gewalt als Ursache hierfür an den Pranger zu stellen – eine wirklich aberwitzige Fiktion! Kostprobe: »Wer mit Sicherheit von Investitionen auf solchen heiklen Feldern profitieren wird, sind die Betreiber derartiger Einrichtungen. ( ... ) Es muß also ein neuer Bedarf produziert werden, auf den dann mit Geldern, Planstellen, Beratungseinrichtungen und Fortbildungsmaßnahmen reagiert werden kann.« [9] Die ganze Vernebelungsaktion um den »ganz normalen Mann« und »Väter als Täter« also nur, um Finanzspritzen für ein überflüssiges Beratungs- und Hilfsangebot herbeizureden? – Wem will die Autorin diese düstere Motivlage der »Betreiber solcher Einrichtungen« weismachen? Was sind die Motive einer Autorin für derartige Diffamierungen therapeutischer Selbsthilfegruppen?

Wer mit Sicherheit von »solchen heiklen Feldern« profitieren wird, möchte man da antworten, sind natürlich die Autoren solcher Schmähungen, und zwar in weit direkterer Weise, als es einem psychosozialen Projekt mit Beratungs- und Hilfsangebot für die Opfer sexueller Gewalt je beschieden sein wird.

Dennoch wollen wir, da sich die erneut Geschmähten, die Opfer sexueller Gewalt, wieder zu Wort melden und ihrer Empörung Ausdruck verleihen [10], nicht übersehen, daß die Diskussion, insbesondere um den Inzest zwischen Vater und Tochter, weiterhin von nebulösen Begrifflichkeiten und einer Reihe von Fehlentwicklungen geprägt ist. So unterscheidet die amerikanische Autorin Victoria Secunda in einem Abschnitt ihres Buches über die »Verführung« der Tochter durch den Vater zwischen Inzest mit und Inzest ohne Gewaltanwendung. »In den meisten Fällen von Inzest«, heißt es dort, »spielt Gewalt keine Rolle. Die Mehrheit der mißbrauchenden Väter wendet keine Gewalt an, denn sie ist nicht nötig.« [11] Diese Passage läßt einen schmerzhaft das Gesicht verziehen. Wir ahnen, was die Autorin sagen will; sie meint, diese Väter wendeten keine *körperliche* Gewalt an. Legt man im Unterschied zu der Autorin einen differenzierten Gewaltbegriff zugrunde, so ließe sich sagen, solche Väter »verführen« ihre Tochter nicht gewaltlos, sondern sie bedienen sich ihrer Überlegenheit und Macht und üben *strukturell* Gewalt gegenüber ihren Töchtern aus; der in die »Mißbrauchsdebatte« längst eingeführte Begriff der sexuellen Gewalt hätte der Autorin die Entgleisung um den gewaltlosen Inzest ersparen können. Sie ließ sich bei ihrer Argumentation hingegen vom Begriff der »Verführung« leiten, dessen altertümelnde Konnotation uns die historische Dimension des Inzest-Themas vor Augen führt. Doch Vorsicht: Einmal ist damit die Verführung des Vaters durch die Tochter gemeint, wie es im Alten Testament Lot durch seine Töchter geschieht, ein andermal ist es der Vater, der seine Tochter »verführt«, wie Freud dies in seiner später verworfenen »Verführungstheorie« konzipierte. Beide Bedeutungen von »Verführung« sind heute im Alltagsgebrauch vorhanden, ein Wort transportiert den Bedeutungshof einer ganzen Theorie, einer Weltanschauung geradezu – und deren genaues Gegenteil.

Es gibt also keine gemeinsame Sprache im Diskurs um den Inzest. Dasselbe sagen heißt oft, Unterschiedliches oder gar, wie im Fall der »Verführung«, Gegenteiliges meinen. Die Verworrenheit, mit der gestritten wird – das eine Mal ist Inzest eine Randerscheinung, das andere Mal ist er *das* Problem schlechthin, Zahlenspiele, die die Gewaltverhältnisse inhaltlich keinen Deut aufklären können, müssen als Begründung herhalten –, ist zum großen Teil so zu erklären.

Nach der »Enthüllungswelle« der achtziger Jahre wurde eine bis dahin nicht gesehene Öffentlichkeit für das Thema sensibilisiert, aber auch emotionalisiert und verstört. Jetzt bestünde die Chance, Erreichtes und Fehlentwicklungen des Diskurses zu diskutieren. Doch wenn die sichtbar gewordenen diagnostischen, therapeutischen und juristischen Probleme nun als »Mißbrauch des Mißbrauchs« den Opfern selbst und ihren Anwält/innen zur Last gelegt werden, kann die Chance nicht genutzt werden, den Diskurs so offen und differenziert weiterzuführen, wie dies in seiner gesamten Geschichte wohl noch nie möglich war. Der Schaden, den das Rollback anrichtet, ist schon jetzt unübersehbar. Wir sind schon wieder so weit, daß uns Kripobeamtinnen in Erinnerung rufen müssen, was uns selbstverständlich sein sollte, daß nämlich sexuelle Mißbrauchshandlungen nur in einem vernachlässigbaren Maße vorgetäuscht werden. »Wer unterstellt, daß Kinder sich Verletzungen selbst beibringen, der stellt eine absurde Behauptung auf.« [12]

Besorgniserregend ist zudem eine ganz andere Tendenz. »Berichte« über sexuellen Mißbrauch – ob mit dem Tenor »Hängt den Schänder!« oder »Mißbrauch des Mißbrauchs!« ist einerlei – dienen oft nur als Vorwand für die Befriedigung offensichtlich voyeuristischer Motive. Die schlüpfrigen Spekulationen um nackte Tatsachen bar jeden Informationswerts sind jedoch selbst nur eine, wenngleich besonders reißerische Spielart jener ganz alltäglichen Sexualisierung des Vater-Tochter-Verhältnisses, die selbst dort anzutreffen ist, wo man sie kaum vermuten sollte. Die Zeitungsannonce eines Herrenausstatters zum Beispiel rät (scheinheilig) allen Töchtermüttern in einer groß und fett gesetzten Zeile über dem Schwarzweißfoto einer jungen hübschen Frau, die ebensogut sechzehn wie sechsundzwanzig sein könnte: »Wenn sie [die Tochter] anfängt, ihrem Vater solche Blicke zuzuwerfen, sollten Sie ihm verbieten, bei uns zu kaufen.«

Die »Tochter« trägt ein glänzendes schwarzes Hemdchen mit schmalen Trägern und blickt den Betrachter katzenhaft an. Einzelne Strähnen ihres schulterlangen, lockigen, hellblonden Haars umgeben das Gesicht mit der schmalen Nase, dem sanft geschwungenen Kinn und dem nur hauchdünn schmollenden Mund. Ihre Arme sind unterhalb der Brust verschränkt. Die gesamte Körperhaltung drückt Erwartung aus. Wider die Absicht der Werbegestalter hat sich jedoch eine zusätzliche Botschaft in das Bild geschmuggelt: die Angst der Tochter, der »Vater« könne ihr Verführungsangebot tatsächlich annehmen. Die Angst versteckt sich in dem fast lauernden Blick ihrer Augen, die eher zurücknehmen, statt (wie wohl beabsichtigt war) zu verheißen.

Die Kehrseite der kulturell und geschäftsmäßig betriebenen Sexualisierung des Tochter-Vater-Verhältnisses ist natürlich ihre Kaschierung als Prüderie. Für den prekären Fall, daß die Tochter pubertiert, hält zum Beispiel ein Ratgeber für Töchterväter[13] einen Haufen praktischer Vorsichtsmaßnahmen für den Vater parat; dann nämlich »wird der Vater feststellen, daß bestimmte Spiele, die er mit seiner Tochter gespielt hat, nicht mehr angebracht sind. Jede Art von Körperspielen ist out. Kitzeln, herumbalgen und ähnliches gehört der Vergangenheit an. ... Ein Kuß auf die Wange oder ein freundliches Schulterklopfen eignen sich hervorragend, um ... Eine Umarmung von der Seite (wenn Ihnen eine Umarmung von vorn Schwierigkeiten bereitet) wird ihr zu verstehen geben, daß ... Manchmal reicht es aus, wenn Sie einen direkten Augenkontakt herstellen, um ...« Gott sei Dank gibt es eine Menge ganz und gar unverfänglicher Dinge, die ein Vater mit seiner Tochter zusammen tun kann: »Suchen Sie nach Videospielen, die besonders Frauen ansprechen, d.h. keine Kriegsspiele. Nehmen Sie [Ihre Tochter] in Spielhallen mit, wo sie mit Ihnen zusammen ungestört Spiele spielen kann.«

Wie miserabel muß es um Tochter und Vater bestellt sein, wenn solche Ratschläger die Chance haben, gedruckt zu werden.

# Väterdämmerung

## *Töchterväter zwischen Erziehungsanspruch und Machtzerfall*

Seitdem der Vater berufsbedingt Haus und (Hinter-)Hof verlassen muß, um seiner alimentatorischen Verpflichtung gegenüber der Familie nachzukommen, ist eine seltsame Diskrepanz entstanden zwischen altväterlichen Macht- und Erziehungsansprüchen in der Tradition des Paterfamilias und dem Verschwinden des Körpers des Vaters aus dem häuslichen Dunstkreis. Das ist die vaterlose Gesellschaft, die Alexander Mitscherlich [1] gemeint hat: Die Söhne und Töchter in den Familien können sich kein Bild mehr machen von dem, was ihre Väter tun. Mit dem Verlust der Anschauung schlägt die gesellschaftliche Wertung um: Der Verherrlichung des Vaters von ehedem folgen Entfremdung, Ablehnung, Ignoranz oder Haß gegenüber dem Vater, die als Angst oder Aggressivität in den Kindern ihren seelischen Ausdruck finden.

Umgekehrt, und darüber ist bislang kaum gesprochen worden, können sich natürlich auch die Väter kein Bild mehr von ihren Familien machen. Väter können nicht mehr mitreden, haben von den grundlegenden familiären Alltagserfahrungen keine Vorstellung, verlieren die Fühlung ausgerechnet zu den Menschen, die ihnen am nächsten stehen müßten, und spüren, daß sie gegenüber ihren

Kindern und Frauen nicht nur die Emotionalität der Beziehung, sondern auch zunehmend an Glaubwürdigkeit einbüßen.

Die Väterdämmerung ist also in vollem Gange, und darüber läßt sich pauschal nicht richten. Ich will deshalb an zwei Beispielen zeigen, was im gegenwärtigen Kaleidoskop töchterlich-väterlicher Beziehungen daraus entstehen kann. Am Ende, so werden wir sehen, wird es dem scheinbar unverwüstlichen Tochtervater alter Schule (*Otmar*) nicht viel anders ergehen als dem fast haltlos anmutenden Vater ohne Aussicht auf eine längerwährende Beziehung zu seiner Tochter (*Frieder*) schon gleich zu Beginn seiner Tochter-Vaterschaft.

## Das Winterkind – Frieders Geschichte

Frieder ist ein hochgewachsener Mann mit breiten Schultern, einem rätselhaft schleppenden Gang und einem sanften Blick aus grauen Augen. Ein Riese auf leisen Sohlen, hat er eine Stimme, so samtweich, daß ihn jeder Nachtradiosprecher darum beneiden müßte. Frieder ist technischer Zeichner und neununddreißig Jahre alt.

»Karla wurde im November geboren. Ein Winterkind. Sie ist jetzt ungefähr zwölf Monate alt.

Ich will die Geschichte ganz ehrlich erzählen. Ich wollte am Anfang dieses Kind nicht. Aus meiner ersten Ehe hatte ich bereits einen Sohn, Pit, der ist jetzt acht. Ich wollte nach Pit überhaupt kein weiteres Kind mehr. Ich habe mich zwar gefreut, daß es nach meinem Sohn jetzt ein Mädchen werden würde, aber ich war im Grunde nicht bereit, ein zweites Mal Vater zu werden. Das kam mir alles zu schnell, ich hatte die Scheidung meiner ersten Ehe noch nicht verkraftet.

Sarah, meine erste Frau, und ich haben uns zwar schon vor sechs Jahren getrennt, sie zog nach Westdeutschland, wo wir beide herkamen; die offizielle Scheidung war dann aber erst vor zwei Jahren. Pit, mein Junge, ist mit Sarah weggezogen, als er anderthalb war. Das war ein ungeheurer Bruch in meinem Leben. Es war nicht mein Wunsch, daß wir uns trennten, es war auch nicht Sarahs Wunsch, aber es hat sich eben so entwickelt. Es ist passiert.

Ellen lernte ich im Januar letzten Jahres kennen, Ende Januar war sie bereits schwanger. Wir kannten uns vorher nur flüchtig, und es war bestenfalls Neugier oder etwas ähnliches, daß wir eine Beziehung angefangen haben. Ich wollte kein zweites Kind. Das kam alles zu plötzlich für mich.

Als Ellen schwanger wurde, wollte sie das Kind haben, und ich wollte das Kind nicht. Ich war innerlich noch nicht mit meiner ersten Ehe fertig, und ich fühlte mich von ihr getäuscht: Zu Beginn unserer Beziehung hatte ich ein Gespräch mit Ellen. Sie hatte eine Schwester, erzählte sie mir, die mongoloid war und die schließlich starb. Ellen hatte deshalb Angst vor einer Schwangerschaft. Sogar ihr Vater, der Kinderarzt war, hatte ihr kurz vor seinem Tod einen Brief geschrieben, in dem er ihr zu bedenken gab, daß es vielleicht nicht gut wäre, wenn sie ein Kind bekäme, da es wie ihre Schwester mongoloid sein könnte. Und das sei der Grund, sagte mir Ellen damals, warum sie kein Kind wolle.

Ich war dadurch innerlich sicher, es würde nicht passieren, daß sie schwanger wird, schon gar nicht so schnell. Dann ist es aber passiert. Und auf einmal wollte sie das Kind doch.

Meine erste Reaktion nach dem positiven Schwangerschaftstest war, daß ich laut sagte – und ich hätte schreien mögen, aber wir waren ja beim Arzt: Nein! Und Ellen hat genauso laut geantwortet: Ja! Aber weil ich nein gesagt hatte, gingen ihr die Nerven durch, und sie hat angefangen zu weinen.

Ich konnte mich drei, vier Wochen nicht sammeln. Mir wurde immer klarer: Mir wäre es am liebsten, wenn das Kind abgetrieben würde. Für Ellen war es ganz klar, daß sie das nicht tun würde.

Da begann ich zu überlegen, was für Rechte ich an diesem Wesen habe? Ich begann zu akzeptieren, daß es letztlich Ellens Entscheidung sei, das Kind zu bekommen oder nicht. Trotzdem hat mich das tief betroffen. Mit Sarah war die Ehe schiefgegangen, und ich war auf eine zweite Ehe nicht vorbereitet. Ich fühlte mich ganz schwach. *Ich* hatte *keine* Entscheidungsfreiheit. Ich hatte nur die »Wahl«, ja zu sagen. Es gab für mich keine andere Möglichkeit. Und nach Ellens Entscheidung für das Kind begann eine ganz schlimme Zeit für mich.

Ich fing an, ziemlich viel und sehr harte Sachen zu trinken. Ich mußte mich regelmäßig betäuben, um ruhig zu bleiben. Es gab Zeiten, da habe ich mich tagelang zurückgezogen, kam betrunken zu Ellen zurück und sagte ihr: Ich mach das nicht mit!

In dieser Zeit haben wir geheiratet. Ellen wollte unbedingt, daß das Kind ehelich auf die Welt kommt. Sie wußte, daß ich nicht heiraten wollte. Aber sie ist freiberufliche Kunsterzieherin, und sie meinte, das sei eine schlechte Außendarstellung gegenüber den Eltern, wenn sie ein uneheliches Kind bekäme.

Für mich war das nicht unbedingt ein Grund zum Heiraten. Aber ich habe schließlich gesagt: Einverstanden, unter der Bedingung, daß wir uns wieder scheiden lassen, wenn Karla geboren ist! Das hat sie mir dann versprochen.

Mit der Zeit sagte ich mir: Frieder, jetzt mußt du dich sammeln! Ich fühlte, ich mußte mit dem vielen Trinken aufhören. Und dann nahm ich mir vor, mit Ellen nochmal einen Versuch zu wagen. Wir fuhren zusammen in den Harz, wo Ellen geboren und aufgewachsen ist, und machten drei Wochen lang Urlaub. Das hat mir gutgetan. Und da sagte ich zu ihr, wir könnten es ja zusammen versuchen, und wenn wir es schafften, könnten wir auch verheiratet bleiben.

Ich war bei der Geburt dabei, es mußte ein Kaiserschnitt gemacht werden. Es war eine schwierige Geburt, aber ich war von Anfang an dabei. Ellen war danach noch dreieinhalb Wochen im Krankenhaus. Ich hatte inzwischen innerlich Kraft bekommen und sagte mir: Ich mache das! Nicht, um Ellen einen Gefallen zu tun, sondern weil es mein Wille war. Bei der Geburt habe ich das Mädchen auch gleich in die Arme bekommen. Und ich sagte mir in diesem Moment: Karla ist da. Und ich bin auch für *sie* da!

Es stimmt, ich war von Anfang an gegen das Kind, aber ich sage doch dann, wenn es da ist, nicht: Das ist nicht mein Kind, das ist nicht meine Tochter, ich habe mit ihr nichts zu tun! Im Gegenteil, ich war jeden Tag im Krankenhaus. Ich habe täglich für Ellen gekocht, sie konnte das Essen im Krankenhaus nicht essen. Ich war wirklich väterlich, glaube ich. Ich habe das auch aus Liebe getan. Ich fühlte mich sehr, sehr wohl. Einmal sagte ich sogar zu Karla: Mein Gott. Du bist mein Gott.

Ich sehe sie im Moment nicht mehr, aber ich liebe sie immer noch. Ich hatte von Beginn an das Gefühl, sie voll und ganz annehmen zu können. Ich hatte es vorher abgelehnt, noch einmal Vater zu werden, aber ich lehne doch Karla als meine Tochter nicht ab.

Dann kamen Ellen und Karla nach Hause. Und zwei Monate lang war ich für sie da, so oft ich nur konnte. Ich habe den Haushalt geführt, gekocht, saubergemacht, mich auch um Karla gekümmert. Ich hatte plötzlich eine große Verantwortung. Ellen konnte sich nicht gut bewegen nach der Operation, dadurch hatte ich eine permanente Anforderung, die mich auf den Beinen gehalten hat.

Karla war von Anfang an ein ganz stilles Kind. Sie ist freundlich und lächelt sehr viel. Sie hat sehr, sehr selten geweint. Sie war ein ruhiges Mädchen, und sie ist es noch. Das zurückhaltende Temperament hat sie von mir, auch die Augen kommen ein bißchen nach mir, und die Haarfarbe ist ebenso hell wie meine. Ellen hat ganz dunkles Haar. Aber Karla hat natürlich auch viel von Ellen. Ich habe immer gesagt, sie ist ein gerechtes Kind.

Ich habe sie saubergemacht, geduscht, angezogen, ich bin mit ihr spazierengegangen. Meine Gefühle waren genauso intensiv wie bei Pit, es gab keinen Unterschied. Vielleicht wäre da einer, wenn ich mit meinem Sohn intensiver zusammengelebt hätte. Aber Pit sehe ich inzwischen nur noch einmal im Jahr, wir telefonieren zwar oft, aber seine Entwicklung bekomme ich kaum mit. Ich habe ihn zuletzt vor ein paar Monaten, im Sommer, gesehen, und ich werde ihn erst wieder im kommenden Sommer sehen. Am Telefon besprechen wir bestimmte Sachen, aber ich sehe seine Entwicklung nicht. Und wenn ich ihn dann wiedersehe, dann sind wir etwa vier bis fünf Wochen zusammen. In der vierten Woche spüre ich, jetzt kommen wir uns näher, es wird intensiver zwischen uns. Aber dann kommt wieder der Abbruch.

Ellen ist eine ehrgeizigere Person als ich, und sie hat eigene Vorstellungen von Karlas Zukunft. Karla wird Anwältin, sagte sie manchmal, oder: Sie wird Ärztin! Auf jeden Fall soll aus ihr eine Akademikerin werden, sie soll Karriere machen. Ich habe keine solchen konkreten Vorstellungen von Karlas Zukunft. – Karla hört sehr gerne Musik, ich spüre das, und dann denke ich manchmal, vielleicht wird sie mal Musikerin. Aber das sind Träumereien und keine Pläne; ich finde es zu früh, in ihrem Alter über die Zukunft zu spekulieren.

Schon bald hatte ich wieder oft Streit mit Ellen, und ich war ziemlich verzweifelt deswegen. Und ein paarmal, vielleicht auch etwas öfter als diese paar Male, habe ich Karla angesehen und sie innerlich gefragt: Was wird bloß aus dir?

Es gab in der Beziehung zu Ellen keine konstante Linie, es war ein ständiges Auf und Ab in unseren Gefühlen. Ich spürte, es würde nicht mehr lange gehen mit Ellen. Der Anlaß für einen ganz fürchterlichen Streit war dann, daß ich in der Küche geraucht hatte. Das tat ich sonst nie, aber an diesem Tag brauchte ich das einfach, ich wollte sogar auf den Balkon hinausgehen, da nahm sie, Karla im Arm, mir die Zigarette fort und setzte dann auch noch meine Zigarettenschachtel, die auf dem Tisch lag, im Spülbecken unter Wasser. Dann sagte sie im Kommandoton: So was erlaube ich dir nicht!

Das ging mir zu weit, und für zwei Wochen quartierte ich mich bei meinen Eltern ein. Als sie sich dann am Telefon bei meinen Eltern über mich beschwerte und versuchte, mir für alles die Schuld in die Schuhe zu schieben, sagte ich zu mir, es geht nicht, ich will Schluß machen, das ist nicht fair. Seitdem ist übrigens auch das Verhältnis zu meinen Eltern, meiner Schwester, meiner Verwandtschaft gestört. Die machen mich für das Desaster verantwortlich.

Nach zwei gemeinsamen Monaten in unserer Wohnung war schon alles vorbei. Ich habe die Scheidungsangelegenheiten einem Anwalt übertragen und mit Ellen abgemacht, daß ich Karla einmal in der Woche sehen kann. Aber Ellen spielt bereits mit dieser Möglichkeit. Ich habe nur den Termin am Mittwoch zwischen drei und sechs Uhr bekommen. Und vor kurzem hat sie ausgerechnet in dieser Zeit, um vier Uhr nachmittags, einen Termin mit der Hausverwaltung gemacht. Da sagte sie zu mir: Du kannst heute nur eine Stunde kommen. Ich habe gesagt: Warum machst du diesen Termin ausgerechnet an diesem Tag? Ich habe doch nur diesen einen Tag mit Karla.

Ellen war von Anfang an dagegen, daß ich Karla öfter sehe. Ich hatte ihr den Vorschlag gemacht, wenn ich Zeit hätte, könnte ich doch Karla auch an einem anderen Tag oder am Wochenende sehen. Ihre Antwort war: Nein, nur einmal in der Woche!

Ich begreife diese neue Situation immer noch nicht. Ich kann sie nicht einordnen. Ich warte jetzt nur noch auf die Regelung im Scheidungsurteil, weil ich nicht imstande bin, mit Ellen zu reden.

Ich habe auch Karla gegenüber ein ganz schlechtes Gewissen. Ich habe bemerkt, daß das Kind bei unserem Termin einmal die Woche eine Gewöhnungszeit braucht. Für das Kind ist eine Woche eine sehr lange Zeit, sie ist ja noch ganz klein. Ich komme als Vater zu ihr, aber ich bin für sie erstmal wie ein Fremder. Sie weint, wenn ich sie in den Arm nehme. Nach einer Stunde gibt sich das, aber dann kommt um sechs Uhr schon wieder der Bruch, und ich muß gehen.

Da entstand innerlich das Gefühl bei mir, daß mit jedem Termin der Abstand ein bißchen größer wird. Meine Gefühle für Karla sind dieselben, aber die Entfremdung nimmt dennoch zu. Es ist merkwürdig, denn eigentlich müßte es doch mit jedem Termin intensiver werden, da müßte doch mehr sein, aber nein, der Abstand wird immer größer zwischen uns, da ist immer weniger.

Im Moment ist es besonders schlimm, weil ich Karla seit drei Wochen nicht mehr gesehen habe. Vor zwei Wochen hatte ich am Telefon einen furchtbaren Streit mit Ellen, und da sagte sie: Du siehst jetzt dein Kind bis zur Scheidung überhaupt nicht mehr! Seitdem haben wir nicht einmal mehr miteinander telefoniert.

Rechtlich hätte ich die Möglichkeit, Karla zu sehen. Aber ich habe ein Problem damit, daß sich Ellen bei meinen Besuchen immer hinter Karla versteckt. Wenn ich Ellen kritisiere, dann antwortet sie mir mit: ›Wir‹. Ich komme damit nicht klar. Das ist für mich absurd, wenn jemand mir mit ›wir‹ antwortet, während ich sie ganz persönlich anspreche. Statt dessen faßt sie immer Karlas Hand und fängt an, mich zu kritisieren. Ich habe sie gebeten, das Kind nicht so gegen mich zu benutzen. Aber es kam noch schlimmer. Mit Karla an der Hand zerriß sie Bilder und andere Dinge von mir, die ich abholen wollte, denn wir wohnen ja schon längst nicht mehr zusammen.

Mir kommt das wie ein Alptraum vor, und ich würde Ellen am liebsten gar nicht sehen, wenn Karla nicht wäre. Aber jedesmal, wenn ich Karla sehen will, werde ich mit Ellen zusammentreffen, und das wird bis zum Ende so bleiben. Ich habe bis jetzt keine Linie gefunden, damit umzugehen. Seit einiger Zeit bekomme ich mittwochs, etwa gegen Mittag, Magenschmerzen. Ich freue mich, daß ich Karla sehen werde, aber ich werde ja auch mit Ellen Kontakt haben.

Ich weiß nicht, wie die Beziehung zu Karla weitergehen wird. Sollte Ellen mit ihr in der Stadt bleiben, werde ich mit Karla vielleicht mehr Kontakt haben können, als das mit Pit möglich ist. Aber ich habe eine Furcht: Ein Teil von Ellens Verwandtschaft lebt in den USA, und sie hat schon immer davon geschwärmt, nach Amerika zu gehen. Ich habe mir schon ausgemalt, Karla würde früher oder später Amerikanerin werden. Und dann würden wir uns gar nicht mehr sehen. Denn Amerika ist für mich ein Land, das ich mir zwar sehr gerne einmal ansehen würde, in dem ich aber bestimmt nicht leben könnte. Als Heimat kann ich mir Amerika einfach nicht vorstellen.

Vor kurzem hatte ich die Phantasie, ich hätte Karla erst nach sehr langer Zeit wiedergesehen. Und in dieser Phantasie hat Karla geweint, und ich habe geweint, und wir lagen uns in den Armen.«

## Die Selbstbestimmerin – Otmar

Otmar interessierte mich schon deshalb, weil ich ihn nicht verstand. Er war etwas über fünfzig, als ich ihn zum erstenmal traf, Verwaltungsangestellter, verheiratet seit dreißig Jahren, eine erwachsene Tochter und zwei Enkelsöhne.

Otmar sieht trotz Halbglatze und Hornbrille aus wie der ewige große Junge: rundes, schelmisches Gesicht, abstehende Ohren, immer wache, blitzende Augen, und eine breite Zahnlücke, die sich beim herzhaften Lachen auftut. Und selbstverständlich die unverwüstliche Berliner Schnauze, die man schon sehr lieben muß, um sie nicht zu hassen.

Der pure Zufall hatte uns für kurze Zeit zusammengeführt, und anfangs nur aus einer Laune heraus begann Otmar, mir von seiner Tochter zu erzählen, die vor kurzem dreißig geworden war. Er sprach schnoddrig und ganz unbekümmert über seine Tochter – und eben das verstand ich nicht, als daraus nach und nach das Bild entstand, das ich hier sinngemäß wiedergebe, freilich ohne Otmars wurstigen Tonfall wiedergeben zu können:

»Von Beginn an war ich entsetzt darüber, wie unselbständig meine Tochter war«, erzählte er mir. »Ich dachte: Um Himmels willen, wie kriegst du die bloß groß?

Bis zum zwanzigsten Lebensjahr hab' ich jeden ihrer Schritte überwacht. Die hätte doch ohne Aufsicht, ganz auf sich gestellt, nie etwas zuwege gebracht.

Dann, plötzlich, Anfang zwanzig, von einem Tag auf den anderen, ist sie ausgezogen. Ohne Ankündigung. Einfach weg. Eigene Wohnung, eigenes Leben, wie sie sagte, mit einem Freund, den sie vorher nie hatte.

Ich habe sie danach nie besucht. Meine Frau – vielleicht, ich weiß das nicht, hab' sie nie gefragt.

Meine Tochter kommt seitdem nur noch selten zu uns nach Hause. Immer hab' ich damit gerechnet, daß sie eines Tages zurückkommt und sagt: Papa, hilf mir. Ich komme nicht mehr zurecht!

Aber nichts dergleichen. Dabei hat sie bestimmt Probleme. Die hat doch jeder. Das könnte sie doch ruhig zugeben, ich bin doch ihr Vater. Ich würde ihr helfen.

Wenn sie wenigstens ein kleines Wort der Dankbarkeit sagen würde. Sie würde heute doch nie und nimmer zurechtkommen, wenn ich früher nicht immer alles für sie gedeichselt hätte. Eines Tages, da wette ich, kommt sie zurück: mit ihren zwei Kindern. Aber ohne ihren Mann! Das garantiere ich.«

Der Mann machte den Eindruck, als hätte er eine Schachpartie verloren und sinniere nun darüber, wie er die Revanche gewinnen könnte. Gewiß schien hinter seinen Worten manche Enttäuschung und Verbitterung auf, aber doch nur wie ein ferner Nachhall auf das Ursprungsereignis, das einem ungeheuren Schlag in sein Kontor geglichen haben muß. Schließlich hatte Otmar, wie er mir außerdem berichtete, seine Tochter, schon als sie sieben war, im Geiste als erwachsene Frau phantasiert. Er habe sie als Teil von sich selbst betrachtet, sie habe »gar keine anderen Vorstellungen gehabt« als ihr Vater, selbst in modischen Dingen und was Kleidung anbetraf, habe sie sich noch in der Pubertät ganz von seinen Vorstellungen leiten lassen.

Und dann das: Von einem Tag auf den anderen ist sie »einfach weg«, heiratet gegen seinen ausdrücklichen Rat, und ist schon bald zweifache Mutter.

Es war klar, daß Otmar sich selbst nicht erklären konnte, wie es zu dieser für ihn (für seine Tochter offensichtlich ganz und gar nicht) katastrophalen Entwicklung hatte kommen können, denn alles war (für ihn) so plötzlich aufgezogen wie ein Sommergewitter am Horizont. Deshalb fragte ich ihn bei unserem zweiten Gespräch nur danach, wie denn früher alles gewesen sei. Da begann er seufzend ganz von vorn mit der:

### *Geburt*

»Ich war 1964 gut zwanzig Jahre alt – in dem Jahr hab' ich geheiratet, und in dem Jahr wurde auch meine Tochter geboren. Aber erst nach der Hochzeit!

Ich war damals arm wie eine Kirchenmaus, und meine Frau auch. Grete war damals noch in der Ausbildung, und ich war gerade eingezogen worden. Meine Frau hatte ursprünglich mal vorgehabt, keine Kinder zu kriegen. Sie war also auch überrascht, als sie dann schwanger wurde, genauso wie ich. Wie die Natur eben so ist. Übrigens gab es damals relativ wenig Möglichkeiten für eine Abtreibung. Ich hätte zwar dennoch die Möglichkeit dazu gehabt, weil eine Bekannte von mir in einer Apotheke arbeitete, aber ich habe das nicht wahrgenommen. Ich war der Meinung, ein Kind würde ich sowieso wollen und mit der Frau auch. Ich war daher nicht abgeneigt, als mir eröffnet wurde, daß ich Vater werde. Es fing positiv an.

Am Vorabend der Entbindung hatte ich in der Kaserne geschlafen. Mit zwei Mann auf der engen Couch bei meiner Schwiegermutter zu liegen, wo wir damals noch wohnten, und dann noch eine schwangere Frau, das war mir dann zu beengt, deshalb habe ich öfter mal in der Kaserne geschlafen. Am nächsten Morgen wurde ich dann angerufen, daß die Entbindung stattgefunden habe. Daß es eine Tochter ist, wußte ich da aber noch nicht.

Bei der Entbindung war ich also nicht dabei. Das ist aber auch nicht gerade etwas, woran ich mich erbauen kann. Ich stehe auf dem Standpunkt, daß bei der Entbindung nur die Personen anwesend sein sollten, die dafür zuständig sind, daß nichts Ernsthaftes passiert. Dafür verlange ich aber auch, daß die alles bestens machen. Außerdem ist das in der Natur ohnehin so, daß man sich zurückzieht, wenn man gebärt. Wenn meine Frau mich dabei gewünscht hätte, dann hätte ich kein Problem darin gesehen, aber sie hat nie davon gesprochen. Es war zwar eine schwere Geburt, aber meine Frau ist eine Katze, die steckt Schmerzen schnell weg und hat auch nie groß darüber gesprochen.

Als ich dann ins Krankenhaus kam, war das eine wunderbare Sache. Herrlich, der Blick meiner Frau: Was sagt der nun dazu, was meint der nun dazu – ›der‹ bin ich –, wenn er nun den Namen seiner Tochter erfährt. Wir hatten da alle möglichen Namen in die engere Wahl genommen, waren uns vorher aber nie richtig einig geworden. Und dann wurde ich überrascht, daß meine Tochter Jeannette hieß – und fand das ganz gut. Oder sagen wir mal, ich fand es ziemlich gut. *Ich* hätte einen anderen Namen lieber gehabt, aber ich dachte, sie hat sich da gequält und sie ist die Mutter, und eine Mutter hat ja immer noch eine andere Position zum Kind, ein paar Vorteile von Natur aus, und die soll man ihr auch nicht streitig machen.

Als ich meine Tochter zum erstenmal sah, waren die anfänglichen Falten, die Babys oft haben, schon wieder glattgepustet. Sie machte Faxen, verzog immer so das Gesicht. Das machen Babys manchmal, ich weiß nicht, ob das an der Hautglättung oder am Luftreiz oder an was auch immer liegt.

## *Ein Mädchen*

Es war eigentlich schon alles ziemlich vorbereitet, was man so braucht für ein Baby, Kinderwagen und alles das. Aber irgendwelche bunten Sachen, die hatten wir noch nicht. Wegen der Farbe: blau oder rosa.

Ich fand das ganz erhebend, daß es ein Mädchen ist. In der Familie meiner Frau spielte bei der Frage, was es nun werden soll, ein Mädchen immer den Oberbegriff. Wenn es ein Junge geworden wäre, hätte ich ihn genauso lieb gesehen, aber meine Schwiegermutter offensichtlich nicht. Jedenfalls hieß es während der Schwangerschaft meiner Frau immer: Das muß ein Mädchen werden, das sieht man ja, daß es ein Mädchen wird, das kann gar kein Junge werden. – Dieser allgemeinen Meinung habe ich mich dann angeschlossen.

## *Erziehungsfragen*

Mehr oder weniger kannst du mit dem Kind erstmal nicht reden, die Kommunikation findet ja, wenn es klein ist, immer noch zwischen Eheleuten statt. Meine Frau sagte manchmal: Die wird mal von mir ganz süß angezogen! Oder: Wenn das ein Junge gewesen wäre, Otmar, dann hättest du *deine* Überzeugungen in den Vordergrund gestellt und hättest dem Jungen das Fußballspielen beigebracht, das Basteln und Bauen und das Handwerken.

Ich bin aber immer davon ausgegangen, daß es im

Prinzip dasselbe ist, was Väter ihren Söhnen oder Töchtern beibringen. Ich wollte nie aus meinem Mädchen einen Jungen machen. Aber ich bastele viel zu Hause und habe Wert darauf gelegt, daß meine Tochter sich dafür interessiert. Oft ist mir das nicht gelungen, sie fürs Mitmachen zu begeistern, aber manchmal doch. Das führte zu dem Ergebnis, daß sie heute Lampen reparieren, renovieren, tapezieren, Fußboden legen kann. Sie muß das aber auch können, weil ihr Mann dazu nicht in der Lage ist. Außerdem hat sie zwei Jungen, und denen kann sie natürlich was vormachen.

Was man mit Kindern machen kann, in allen Altersstufen, habe ich getestet und ausprobiert. Grundsätzlich wurde nicht nur geschlechtsspezifisches Spielzeug gekauft. Darauf habe ich ganz großen Wert gelegt. (Ich konnte mich des Gefühls nicht erwehren, daß er dies sagte, weil er glaubte, daß *ich* darauf Wert legte; ein Phänomen, das in der Sozialwissenschaft als »soziale Erwünschtheit« bestens gehaßt ist.) Ganz großen Wert habe ich auf Konstruktionsspielzeug gelegt. Dazu zähle ich aber auch Puppen.

Meine Tochter wurde im übrigen von den Omas reichlich mit Spielzeug eingedeckt, und das mußte ich abwehren. So viel gibt es nicht, habe ich gesagt. Die wird nicht überschüttet: nicht mit Spielzeug, nicht mit Liebe, nicht mit Werten!

## *Jeannette*

Meine Tochter wurde im Kindergarten mal gefragt: Was willst du denn später werden? Und da hat sie geantwortet: Bestimmer.

Am Anfang war sie aber ein bißchen langsam im Denken, und in allem anderen auch. Nach der Entbindung war sie ein Problemkind. Sie hatte eine Ernährungsstörung, die verhinderte, daß sie zunahm, wie sich das gehörte. Sie brach immer alles aus. Ein Spezialist stellte schließlich fest, daß das keine organische Ursache habe, sondern eine Bockreaktion sei. Also wenn das Kind bricht und du hältst ihr eine weiße Windel vor, damit sie nicht auf den Teppich spuckt, dann war das für sie die Aufforderung, auszuspeien. Das hatte ich mir gleich gedacht, daß man das Kind etwas härter anfassen mußte! Ein bißchen rütteln, bißchen laut werden, bißchen anstupsen, nicht hauen, aber doch das Windelpaket hinten bißchen schütteln. Das hat dann geholfen.

Sie war auch später noch ein bißchen langsam. Vielleicht ein bißchen mehr als andere Kinder. Wenn ich aber jemand zum Beispiel wo hinschicke, dann habe ich es gerne ein bißchen flott. Sie war aber leicht ablenkbar. Man mußte bei ihr die Selbständigkeit bewußter fördern.

### *Schule und Beruf*

Im Gegensatz zu anderen Vätern, die ich kenne, habe ich es nicht dem Wildwuchs überlassen, was aus meiner Tochter wird. Ich hatte mir immer gedacht, daß sie in objektiv guten Bedingungen aufwachsen wird. Dazu gehörte auch, daß ich selbst förderlich in jeder Hinsicht sein würde. Ich wollte, daß sie selbst den Wunsch hat, sich einen Beruf zu suchen, und ich hab' meinen Beitrag darin gesehen, daß sie die Leistungen dazu auch erreicht.

Zwischendurch gab es ja auch mal Phasen, wo andere Interessen stärker waren und sie in der Schule hinterherhinkte. Da gab es dann auch mal ein bißchen Druck und Unterhaltungen. Aber ganz plötzlich drehte sie leistungsmäßig nochmal furchtbar auf und schaffte die Leistungen dann doch.«

## *Jungen, Männer*

(Hatten nach Vaters Beobachtung – deren Güte bezweifelt werden darf – für seine Tochter bis Anfang zwanzig keine Rolle gespielt. Wie es in dieser Hinsicht weiterging, haben wir schon erfahren: Jeannette trifft »den Richtigen« oder »Falschen«, who knows, heiratet ihn, wird zweifache Mutter und läßt ihrem Vater fürs erste das Nachsehen.)

Otmar entpuppt sich also als ein Vater, der seine Tochter zuerst mit gemischten Gefühlen begrüßt, um sie dann um so fester an sich binden zu wollen. Ein anschauliches Beispiel für die Ambivalenz von Haltewünschen.

Jeannette aber, das Mädchen, das dem Vater immer zu langsam war, hat nicht erst mit zwanzig bewiesen, daß sie ihm ganz schnell einen Haken schlagen und an Tempo gewinnen kann, wenn sie selbst es für richtig hält. Was war es doch, das sie schon als kleines Mädchen werden wollte, wenn sie erwachsen sein würde? – Bestimmerin.

Zumindest eine Selbstbestimmerin ist aus ihr geworden, auch wenn's der Vater nicht fassen kann, aber jederzeit bereit wäre, sie wieder unter seine Fittiche zu nehmen. Mit den Kindern – aber ohne den Ehemann, versteht sich.

Auch ein traditioneller Tochtervater mit dem Besitzanspruch alter Schule ist heute nicht davor gefeit, daß sich die Töchter von ihm loseisen, selbst wenn es ihm stets so schien, als könnte er sie ewig am Bändel führen. Am Ende steht Otmar, wie Frieder schon von Anfang an, fast ganz mit leeren Händen da. Vor dem Hintergrund des real fortschreitenden Autoritäts- und Machtverlustes von Vätern gegenüber ihren Kindern zählt der altväterliche Besitzanspruch nicht mehr sonderlich viel.

# Vater Morgana
## *Die Zukunft der Vater-Tochter-Beziehung*

Das altväterliche Zeitalter ist abgelaufen. Aber gesetzt, es gäbe so etwas wie eine paternitäre Zeitrechnung, dann lägen die von mir destruierten »berühmt-berüchtigten Väter« mit ihrem Gewohnheitsrecht zur Indienstnahme der Töchter auf einem Vektor, der zwar den Vater (noch) in seinem vollen patriarchalischen Ornat thronen sieht, aber historisch in die Vergangenheit weist.

In die andere Richtung aber, in die Zukunft, führte ein Pfeil, an dem entlang mit zunehmender Fluchtgeschwindigkeit der Vater in seiner Bedeutung zum »incredible shrinking man« zu schrumpfen scheint, bis er schließlich, besonders wenn seine Familie auseinanderbröselt wie ein Mürbeteig, von der Bildfläche zu verschwinden droht.

Der Pater familias ist seiner einstigen Vorrechte zunehmend verlustig gegangen, und nur »die affektive Fixierung«, wie Mitscherlich sagt, »auf das tradierte Modell einer Gesellschaft, in der Väter vorherrschen, vorleben, erschwert es so, die Realität zu beobachten, in der von solcher Sinnfälligkeit wenig geblieben ist.«[1] Außer dem Recht, die Alimente zu zahlen, werden dem Vater heute alle althergebrachten Vorrechte auf Erziehung, Bildung und weitere Bestimmung der Kinder streitig gemacht. Sie sind längst auf die Mutter beziehungsweise vor allem auf Vater Staat in Form von Krippe, Kindergarten, Hort,

Schule, Jugendamt, Strafanstalt usw. übergegangen.[2] Das hatte die bekannte Folge, daß Väter, entbunden von der erzieherischen Verantwortung für ihre Kinder, zu Berufsautisten mutiert sind, die über ihre familiäre Entrechtung auf eigentümlich selektive Weise klagen. Nehmen wir das Beispiel des Sorgerechts nach der Scheidung, bei dem es bei Lichte besehen eher um die Sorgepflicht geht.

## Von Sorgerechtspflichten

Die »Sorge« fürs Kind ist psychologisch, das heißt ganz unjuristisch betrachtet, das gute Recht von Vätern – *wenn* sie sich denn tatsächlich sorgen. Es fragt sich nur, ob geschiedene Väter ein ihnen zugestandenes Sorgerecht tatsächlich als Verpflichtung ansehen. Erfahrungen in den USA zeigten, daß Väter, die behaupteten, »persönlich sehr gerne« die Versorgung ihrer Kinder übernehmen zu wollen, diese Möglichkeit noch lange nicht in Anspruch nahmen; daß sorgeberechtigte Väter ihre Kinder keineswegs häufiger besuchten als Väter ohne Sorgerecht; daß sie mit ihren Ex-Frauen weder besser kooperierten, noch ihren Kindern mehr Unterhalt zahlten; selbst an wichtigen Entscheidungen, die das Leben der Kinder betrafen, beteiligten sie sich nicht häufiger als andere Väter.[3]

Solche Untersuchungsergebnisse sind natürlich mit Vorsicht zu genießen, auch Väter ändern sich und sind nicht überall gleich. Geändert hat sich vor allem die väterliche Einstellung im Sinne einer stärkeren Familienorientierung. Doch wenn die akademische Psychologie je etwas Wahres zutage gefördert hat, dann dies: Einstellung und Verhalten haben oft wenig miteinander zu tun. Und so erscheint die Entrüstung von geschiedenen Vätern über ihre Entrechtung in Sorgerechtsfragen auch nur dort berechtigt, wo ihre Sorge für die Kinder schon vor der Trennung, und zwar ganz freiwillig, erkennbar war.

Vätern aber, die sich schon immer aktiv um ihre Kinder gekümmert haben – und schon der Wortstamm sagt uns, daß es sich dabei vielfach um Kummer und nicht um Spaß gehandelt haben muß –, geschieht andererseits bitteres Unrecht, wenn ihnen nach der Trennung der normale Umgang mit dem Kind plötzlich verwehrt wird. Aber diese Väter sind in der Minderheit. Und vergessen wird über alldem, daß es bislang nicht die geschiedenen, sondern die nicht verheirateten Väter waren, die juristisch gegenüber den Müttern am meisten benachteiligt wurden. Sie haben – in Zukunft soll sich das angeblich ändern – von Beginn an kein formales Recht am Kind und müssen sich im Falle der Trennung mit der Mutter gütlich einigen. Die Chance, daß dabei eine für das Kind – und das sollte uns das Hauptanliegen sein – optimale Lösung herauskommt, scheint mir allemal größer zu sein als bei einer gerichtlich angeordneten Kinderaufteilung, unter der die alten Konflikte, die zur Trennung geführt haben, erst recht ihre bitteren Blüten treiben.

So bin ich geneigt, den verbissenen juristischen Kampf mancher Väter um ihr Recht am Kind primär als einen Kampf ums männliche Prestige zu werten. Solche Väter wissen zwar oft nicht, was sie konkret mit ihren Kindern anfangen sollen, »haben« aber wollen sie sie auf jeden Fall. In solchen Fällen handelt es sich wohl eher um eine zeittypische Folge männlicher Rollendiffusion, die vor keiner Spielart der Vaterschaft mehr haltmacht. Die altväterliche Behaglichkeit ist dahin, die karrierebedingte Abwesenheit wird einem nicht mehr ohne weiteres zugestanden, den ungeliebten Haustyrannen will keiner mehr sehen, und die Rolle des Hausmanns ist alles andere als attraktiv. Sie macht arm und einsam und neidisch auf jene, die es draußen zu was auch immer gebracht haben. Da will man doch wenigstens, wenn mit der Familie schon alles schiefgegangen ist, noch das formale Recht am Kind behalten. Die changierenden Identitäten als verheirateter, geschiedener, lediger, alleinerziehender Vater wirken wie Seifenlauge am Grunde des männlichen Selbstgefühls. Plötzlich gerät von innen heraus alles ins Rutschen, man weiß nicht mehr, wer man ist und was man wollen soll.

Vätern ergeht es hier natürlich nicht anders als anderen gesellschaftlichen Gruppen, die nach einer neuen Identität suchen, nachdem die alten Werte und Orientierungen so tragfähig wie Ostseefähren geworden sind. »Neue Lebensformen« sind wohlfeil an jeder Ecke zu haben und austauschbar wie Unterwäsche. Die scheinbar unzähligen Möglichkeiten moderner Lebensformen führen dazu, daß jede/r sich seine Biographie selbst zusammenstoppeln muß. Doch wer sagt einem, daß man die richtige Wahl getroffen hat, daß man richtig lebt? Wo sind die Vorbilder für die eigene Lebensform, und falls es sie gibt, wie glaubwürdig sind sie?

Unter den Vätern finden wir heute Typen, die es vor ein paar Jahren noch gar nicht zu geben schien (oder die Gründe sahen, sich bedeckt zu halten): schwule Väter, »soziale« Väter (früher als Freunde, Bekannte oder Verlobte der Mutter geläufig), alleinerziehende Väter, unverheiratete Väter in Lebensgemeinschaft mit Kind und Frau, verheiratete Väter, getrennt lebend ...

Während Männer zunehmend darüber klagen, daß sich selbst die einstmals eherne Bastion Vaterschaft nunmehr als flimmerndes Trugbild, als »Vater Morgana« erweist, sehe ich mit Blick auf den Tochtervater keinen Anlaß, in die Trübsal über den väterlichen Orientierungsverlust mit einzustimmen. Der dominante Vater alter Schule hat genug Unheil angerichtet. Wer kann ihn denn – ob Sohn oder Tochter oder Partnerin – ernsthaft (zurück) wollen? Und mit den Zersetzungen hergebrachter Rollenzuschreibungen ergeben sich Freiräume, die neu definiert und ausgefüllt werden können.

## Männlich, weiblich, androgyn, polymorph

Wir müssen, aber wir dürfen uns auch neu erfinden. Besonders hilfreich ist dabei die Auflösung der kulturell gesetzten Grenzen zwischen Männlichkeit und Weiblichkeit, die »Entdeckung«, daß Männlichkeit und Weiblichkeit Erfindungen sind, Konstruktionen, künstlich.

Der Blick auf fremde Gesellschaften führt uns dies sinnfällig vor Augen, so etwa das Beispiel jener afrikanischen Stämme, bei denen der soziale Vater mitunter schon deshalb mit dem biologischen nicht identisch sein kann, weil »er« eine Frau ist. Die zum Mann umdefinierte Frau hat stets eine abstammungsbedingt hohe soziale Position inne, die auf das Kind vererbt werden soll, was, da Vaterrecht herrscht, nur über einen »Mann« möglich ist. Zu diesem Zweck wird das Geschlecht der Erbträgerin sozial umgewandelt und offiziell und öffentlich zum Mann erklärt. Umgekehrt ist von sibirischen und indianischen Schamanen bekannt, daß sie von »Schutzgeistern« geschlechtsgewandelt wurden, Frauentracht anlegten, als Frauen angesehen wurden und andere Männer heirateten. Zur biologischen Zeugung von Nachkommen nahm sich der Gatte eine Nebenfrau, mit der dann beide, Mann und »Frau«, schliefen.[4] Lange vor der Moralisierung durch das Christentum war die Bisexualität akzeptierte Praxis, bei der die Trennung nicht zwischen Mann und Frau, sondern zwischen dem aktiven und dem passiven Teil verlief.[5] Ähnliches läßt sich auch heute noch für das Verständnis von Homosexualität in manchen mediterranen und lateinamerikanischen Kulturen sagen.[6]

In unserer Kultur beherrschte bis in die siebziger Jahre hinein ein binäres Verständnis von Weiblichkeit und Männlichkeit unser Denken und Fühlen. Menschen besitzen demnach männliche *oder* weibliche Attribute. Dazwischen gähnen die Abgründe zwittriger Perversionen. Demgegenüber hat zunehmend ein androgynes Verständnis von Maskulinität und Femininität Karriere gemacht, demzufolge ein Mensch sowohl »männliche« als auch »weibliche« Eigenschaften in sich vereinen kann, die sich keineswegs ausschließen.

Der Gewinn des Androgynitätskonzepts ist jedoch zweifelhaft, denn es bleibt auf halbem Wege stehen. Wenn Männlichkeit und Weiblichkeit Konstrukte, also nicht geschlechtsgebunden sind, dann sind sie im Grunde überhaupt obsolet. Vielleicht ist das der Grund, warum der Versuch, Vätern »mütterliche« Rollen zuzuschreiben, denunziert werden konnte (Stichwort: Mappi) und scheitern mußte.

Konsequenter als ein androgynes Menschenbild ist daher vielleicht ein polymorphes, das nur noch metaphorisch und unter anderem von männlich und weiblich spricht. Dann begrüßen wir den mütterlichen Vater ebenso wie die väterliche Mutter, den langhaarigen und den kurzatmigen Vater, Väter mit roter Vergangenheit genauso wie die Väter mit schwarzem Humor.

Der Tod der Norm ist der Sieg der Varianz. Starre Väterbilder haben ausgedient, und so bekommen zukünftig die Töchter vielleicht eher die Chance, ihre Väter als leibhaftige Menschen, als widersprüchliche Individuen, als Männer mit Macken zu erleben, als variantenreiche Modelle des anderen Geschlechts, die sie davor bewahren, später die »wahren Männer« in Mackern und Machtmenschen zu sehen.

Der Sieg der Varianz ist der Tod der Norm. Aber es entstehen natürlich neue Normen, und bei der Frage, was wir unseren Töchtern angesichts der neuen Rollenunordnung noch guten Gewissens mit auf den Weg geben können, begegnen uns »Männlichkeit« und »Weiblichkeit« erneut. Und zwar unter der Leitfrage, wie gesund sie eigentlich sind.

## Hauptsache, gesund!

Was soll aus meiner Tochter werden? Ein liebes Mädchen, eine feminine Frau? Eine, die weiß, wo Barthel seinen Most holt, eine, die sich durchsetzt? Eine mit Köpfchen, eine mit Zöpfchen, oder eine mit Haaren auf den Zähnen?

Zumindest soviel ist sicher: Hinter dem hübschen zugewandten Gesicht der ›femininen‹ Tochter verbirgt sich mit hoher Wahrscheinlichkeit beträchtliches töchterliches Unglück. Wenn ich meine Tochter darin unterstützen will, ihr Leben selbstbewußt und lustvoll in Angriff zu nehmen, wenn ich ihr damit nicht mehr und nicht weniger wünsche als: Gesundheit – dann ist jenes angenehm duftende Parfum, Marke *femina*, mit den Ingredienzen »Expressivität, Bezogensein auf andere, Gemeinschaftssinn«, wie sie in Wissenschaftskreisen gewohnt geruchsneutral heißen, für Mädchen das pure Gift.

Kaum ein Eigenschaftsbündel ist so eng mit seelischem Leiden verknüpft wie ›Weiblichkeit‹, so wie sie in unseren Breiten verstanden wird. Sensibilität, die Fähigkeit, auf andere zuzugehen, Freundlichkeit, Hilfsbereitschaft, Empathie und Herzlichkeit sind sozial bedeutsame Eigenschaften. Gesund sind sie nicht, weder für Jungen und Männer noch für Mädchen und Frauen. Garanten psychischer Gesundheit, lehren mich neuere gesundheitspsychologische Forschungen, sind Eigenschaften, die im Ruch stehen, ›typisch männlich‹ zu sein: Streben nach Unabhängigkeit, Aktivitätsdrang, die Lust, sich zu messen, Ausdauer, Selbstsicherheit, Druck aushalten können.[7] Damit sind nicht gemeint: Rücksichtslosigkeit, Egoismus und Zynismus. Sich in der beschriebenen Weise »instrumentell« zu verhalten, sagt dazu die Forscherin Monika Sieverding, beinhaltet nichts anderes, als sein Leben aktiv zu gestalten und die eigenen Bedürfnisse und Ziele selbstsicher zu verfolgen.[8] Je stärker aber eine Person (ob Mann oder Frau) mit dem traditionellen weiblichen Rollenbild übereinstimmt, desto größer ist die Wahrscheinlichkeit, psychisch bzw. psychosomatisch krank zu werden. Diese Erkenntnis erfreut sich nicht eben großer Beliebtheit.

Lange Zeit galt als fraglos, daß das Übereinstimmen

mit der Geschlechtsrolle seelisch gesund erhalte, daß das Abweichen von Frauen gegenüber vorherrschenden Weiblichkeitsbildern zu Selbstentfremdung und seelischem Leiden führe. Doch die Ausbildung eines hohen Selbstwertgefühls, des Atlasträgers seelischer Gesundheit, wird neueren Untersuchungen zufolge von einfühlenden ›weiblichen‹ Eigenschaften zwar nicht behindert – aber eben auch nicht wesentlich gefördert. Lediglich Personen (beiderlei Geschlechts), die sich selbst als geschlechtsneutral (»undifferenziert«) empfinden, kranken noch stärker an dem Gefühl, niemand darzustellen, als solche mit »femininem« Selbstbild.[9]

Das gleiche Bild beim Optimismus und seiner quälenden Schwester, der Depression. Unter Depressionen leiden Frauen doppelt so häufig wie Männer.[10] Nicht aber Frauen, die sich selbst als in hohem Maße »maskulin« beschreiben; sie sind mit ihren zupackenden »instrumentellen« Eigenschaften am besten gegen Depressionen geschützt, unabhängig davon, ob sie daneben noch ihre »weiblich-expressive« Seite ausgeprägt haben oder nicht.[11]

Gesund ist im übrigen eine herzerfrischend, wenngleich unbegründet positive Sicht der eigenen Person, eine optimistische Sichtweise der eigenen Zukunft, die sich um Realitäten nicht allzusehr schert. Dieser Befund scheint mir weniger auf die schier grenzenlose Blauäugigkeit von Menschen hinzudeuten, als vielmehr auf die Macht der sich selbst erfüllenden Prophezeiung und die Kraft der Gelassenheit, die ihre Energie aus der Überzeugung bezieht, sich im Notfall auf irgendeine Weise schon helfen zu können. Münchhausens Beliebtheit wäre dann darauf zurückzuführen, daß seine wundersamen Errettungen aus schier aussichtsloser Lage in einem metaphorischen Sinne als wahrhaftig und eben nicht als Lüge verstanden werden können.

Früher ging man umgekehrt davon aus, daß die korrekte Wahrnehmung der Wirklichkeit gesund sei. Für unrealistische Spinner hatte die Psychiatrie peinliche Maßnahmen parat, von denen wir hier schweigen wollen. Diese rationalistische Wirklichkeitsauslegung muß jetzt korrigiert werden. Eine vergleichsweise »ausgewogenere Sicht bezüglich ihrer wahrscheinlichen Zukunft«, heißt es vorsichtig ausgewogen in der Fachliteratur, kennzeichnet gerade die depressiven Menschen.[12] Und das sind besonders häufig Frauen.

Wenn also »Maskulinität« gesund und »Femininität« ungesund ist – dann braucht meine Tochter »typisch Männliches«, um sich die Welt zu erobern und halbwegs gesund und lebensfroh zu bleiben!

Kaum ausgesprochen, sehe ich den Sturm der Entrüstung über diese These schon vor meinem geistigen Auge aufbrausen. Von feministischer Seite wird frau mir die »typisch männliche« Mißachtung einer »positiven Weiblichkeit« vorwerfen, für deren Aufwertung sich Frauen heute ja gerade ins Zeug legen. – Wie kann ich nur, wird man wiederum aus traditioneller Warte grollen, die Entfremdung meiner Tochter von wertvollen sozialen Eigenschaften propagieren, wohl wissend, daß »Weiblichkeit« Mädchen und Frauen eine Menge Ärger erspart, weil sie so den gesellschaftlichen Rollenerwartungen entsprechen.

Dieser Empörung läge ein Mißverständnis zugrunde. Es geht mir um die Förderung gesunder Eigenschaften, die zwar als maskulin gelten, aber potentiell beiden

Geschlechtern eigen sind. Männern werden sie oft nur in jener pervertierten Form zugebilligt, die unter dem Firmennamen »Leistung« (und damit Aggression und Konkurrenz) die Persönlichkeit zerrüttet. Durchsetzungsfähigkeit bedeutet aber nicht Rücksichtslosigkeit, Aggressivität ist nicht gleich ein Zeichen von Unmenschlichkeit, und auf die eigenen Bedürfnisse zu achten, ist nicht egoistisch. Es ist der Mangel an »femininen« Eigenschaften bei Männern – die Unfähigkeit zur Empathie, zu sozialer Kooperation und Zugewandtheit –, der für den männlichen Extremismus im aggressiven Zupacken, für die sklavische Karriereorientierung und das hündische Lechzen nach Hierarchie und (Unter-)Ordnung verantwortlich zeichnet.

Komplementär dazu macht der Mangel an »maskulinen« Eigenschaften unsere Töchter krank und unglücklich. Dabei müssen Mädchen sich ohnehin ein hohes Maß an »femininen« Eigenschaften aneignen. Empathie, Zuwendung und soziale Intelligenz gehören schließlich generell zur Überlebenstechnik von Menschen, die aufgrund ihrer konflikthaften, benachteiligten Lage über die Seelenlage der Mächtigeren Bescheid wissen müssen, um sich auf sie einzustellen und gewappnet zu sein. Psychologisch dumm ist nur, wer sich's leisten kann. Männer sind es im Regelfall, zumindest gegenüber ihren Frauen; beim Chef aber hören sie mit dem dritten Ohr. Kinder sind immer (manchmal erschreckend) empathisch, Mädchen müssen vielleicht sogar hellsehen können.

Vielfältigen Befunden einschlägiger Forschung läßt sich entnehmen, daß Mädchen von Eltern und ihren diversen Substituten schon ab dem Kleinkindalter darauf abgerichtet werden, ihre ureigensten Bedürfnisse zu mißachten. Sie werden als Babys weniger lang gehalten als Jungen, halb so lang und insgesamt über kürzere Zeit hinweg gestillt. Sie werden dazu angehalten, keine Zeit beim Trinken zu verlieren, denn Bummeln und Träumen beim Trinken gehören zum Durchschnittsvorrecht der männlichen Babys. Kleine Mädchen bekommen weniger Anregungen und gelten Erwachsenen als weniger neugierig. Mädchen werden früher und gnadenloser aufs Töpfchen gesetzt als Jungen. Mädchen lernen früher essen, sich anziehen, »Ordnung und Sauberkeit«, sie lernen früher sprechen als Jungen.[13]

Söhne *dürfen* sich entwickeln, Töchter *müssen* es. Mädchen sollen sich möglichst früh nützlich machen und sind damit die geeigneten Opfer väterlicher Ausbeutungsstrategien. Jungen dagegen werden die Wünsche (von Frauen, ihren Müttern) von den Lippen abgelesen. Mädchen müssen den Mund schon aufmachen, wenn sie etwas wollen. Mädchen müssen immer gewärtig sein, daß die Erwachsenen etwas Unpassendes, Unangemessenes mit ihnen vorhaben.

Überleben heißt unter solchen Bedingungen zu fragen: Was wollen die anderen? So verlernt man schon früh das Wünschen überhaupt.

Jungen bekommen den Drang zur eigenen Bedürfnisbefriedigung in die Wiege gelegt, als sei dies das Natürlichste auf der Welt. Der Preis, den sie dafür zahlen, ist die erdrückende Last, daß sie »das Beste« daraus machen müssen. Nie wissen sie, wann es genug ist. Mädchen hingegen wachsen auf in dem Bewußtsein, es sei nur natürlich, für andere da zu sein. Die Folgen dieser Sozialisation firmieren als Selbstunsicherheit und -aufopferung. Die Erwartungshaltung gegenüber Mädchen, sich selbst aufzugeben, ist so allgegenwärtig, daß wir keine Angst haben müssen, es könne ihnen an hingebungsvoller ›Weiblichkeit‹ mangeln. Wie kann unter diesen Bedingungen meine väterliche Verantwortung eine andere sein als gegenzusteuern?

Vor überzogenen pädagogischen Erwartungen ist freilich zu warnen, denn mit der Erziehung ist das so eine Sache.

## Vom alchimistischen Hochmut der Erziehung

Aneignung und Lernen, der Erwerb von Fertigkeiten, von Wissen und Eigenschaften, sind hochgradig anarchische Prozesse, die sich um pädagogische Ratschläge nicht scheren. »Wir haben gelernt, daß sich jeder Mensch bis zu einem gewissen Maß auch in feindseligen Beziehungen mit beiden Eltern identifiziert«, schreibt Sophie Freud.[14] »Wir finden Töchter, die fleißig und ehrgeizig sind, und andere, die genau wie ihre Väter zum Alkohol neigen. Andere Töchter identifizieren sich stärker mit ihren Müttern und suchen sich einen ähnlichen Mann, der sie entweder bewundert und respektiert oder der trinkt und sie schlägt.« Alles ist möglich: »Der Vater war ein Tyrann – ... [die Töchter] heiraten unterwürfige Männer. Der Vater war ein Trinker – sie suchen sich einen sehr nüchternen Mann. Der Vater war ein Schürzenjäger – sie heiraten treue und loyale Männer.«[15]

Erziehungszielen haftet immer ein alchimistischer Hochmut an. Zumindest dann, wenn sie das Kind zum Objekt haben und nicht die eigene Person des Erziehers.

Die Voraussetzung dafür, daß Väter überhaupt förderlich für ihre Töchter sein können, ist daher nicht, daß Töchter sich mit ihren Vätern identifizieren, sondern umgekehrt, daß sich die Väter mit den Töchtern identifizieren können. Daß es daran bis heute hapert, darf uns nicht wundern, wenn Pädagogen im Stile von Second-hand-Wissenschaftlern bis in einschlägige Väterratgeber hinein naiv verkünden: »Ein Junge braucht den Vater mehr als ein Mädchen.« [16]

Die Anarchie der Aneignung legt es nahe, die Verantwortung unseren Töchtern gegenüber zuvörderst in der Sensibilisierung unserer selbst zu suchen: für die Welt, in der sie als Mädchen aufwachsen, für die Rolle, die wir selbst darin spielen oder einnehmen. Die Auseinandersetzung mit den Lebenswelten unserer Töchter, mit den Bedingungen ihres Aufwachsens, das Aufspüren von Hemmnissen ihrer Entwicklungsmöglichkeiten führen uns vor Augen, wo wir Partei für unsere Töchter ergreifen sollten, statt sie paternalistisch erziehen zu wollen (was wir, fürchte ich, ohnehin tun, ohne daß es uns auffällt). Am schwierigsten ist dies vielleicht an dem Ort, wo es am einfachsten erscheint: in der Familie oder dem, was von ihr übriggeblieben ist. Denn dort müssen wir uns selbst auf die Füße treten.

Wenn das gelingt, stellt sich vielleicht ein vertrauensvolles, liebevolles Verhältnis zu unseren Töchtern ein, wie ich es aus einem Anruf herauszuhören glaube, den ich kürzlich auf meinem Anrufbeantworter vorfand. Es war ein vielleicht fünf- bis sechsjähriges Mädchen, das sich verwählt haben mußte. Im Hintergrund sind kreischende Kinder und eine Frau, die mit ihnen spricht, zu vernehmen. Dann spricht das Mädchen, schluchzend, aber nicht sehr heftig: »Papa, ich habe keine Medaille bekommen, obwohl ich Dritte geworden bin. Sarah ist Vierte und hat eine Medaille bekommen. Ich nicht. Obwohl sie noch welche haben. (Wieder deutliche Hintergrundgeräusche der Kinder und der Frau, die auf sie einspricht.) Andere haben sogar verloren und haben trotzdem eine Medaille gekriegt. Ich nicht. (Schluchzen, Pause). Tschüs, Papa.«

»Die Zukunft der Vater-Tochter-Beziehung« habe ich getitelt und spekuliert, was wäre, wenn die Väter usw. Aber es kommt ja alles ganz anders. Denn bald wird es keine Kinder mehr geben, und das Problem hat sich von selbst erledigt: Ein Kind von null bis achtzehn großzuziehen, kostet dem Familienreport der Bundesregierung zufolge eine runde halbe Million DM. Wer kann denn, da bald jede/r zweite arbeitslos ist, noch so viel Geld aufbringen? Sie vielleicht? Ich nicht. Werd' mein Kind wohl verkaufen müssen. (Interessenten wollen meine Adresse bitte beim Verlag erfragen!)

Ach was, die Zukunft! Haben Sie ernsthaft angenommen, ich wüßte, wie es morgen wird? Der erste Schritt in eine bessere Zukunft ist sicherlich, daß man Vätern nicht alles abkauft.

# Anmerkungen

## Ende der Schonzeit

1 Julia Onken (1993): Vatermänner. Ein Bericht über die Vater-Tochter-Beziehung und ihren Einfluß auf die Partnerschaft. München: Beck; Linda Leonard (1988): Töchter und Väter. Heilung und Chancen einer verletzten Beziehung. München: Kösel; Victoria Secunda (1994): »Tochter bleibt man ein Leben lang ...« Von Frauen und ihren Vätern. München: Goldmann.

## Wozu sind Väter nütze?

1 Meine Tochter heißt Marie Lilli. Daß sie in diesem Buch Lilli genannt, im wirklichen Leben aber Marie gerufen wird, ist nicht darauf zurückzuführen, daß ich die ganze Breite unserer Namensgebung auskosten will; es ist vielmehr Ausdruck bescheidener Maßnahmen der Verfremdung. Soll heißen, alles, was hier über sie gesagt wird, ist authentisch; aber selbstverständlich »nicht die ganze Geschichte«. Die ganze Wahrheit kennt natürlich nur sie selbst: Marie Lilli. Gleiches gilt für Eva/Susanne. Bei allen anderen Personen, die auf den nächsten Seiten ihren Auftritt bekommen, habe ich dafür gesorgt, daß sie namentlich unbehelligt bleiben, und sollten sie sich selbst wiederzuerkennen glauben, so kann das richtig, aber eben auch falsch sein.

2 Der Tagesspiegel, 1.5.1994.

3 Margret S. Mahler/F. Pine/A. Bergmann (1978): Die psy-

chische Geburt des Menschen. Symbiose und Individuation. Frankfurt/M.

4 Michael Rotmann (1984): Die Rolle des Vaters im Leben der kleinen Kinder. In: Hans Jürgen Schultz (Hrsg.): Vatersein, S. 154. München: dtv.

5 Jessica Benjamin (1992): Vater und Tochter: Identifizierung mit Differenz. Ein Beitrag zur Geschlechter-Heterodoxie, in: Psyche, 46, 9, S. 827; Benjamin steht dieser von ihr umrissenen Auffassung im weiteren Verlauf ihres Aufsatzes aber durchaus kritisch gegenüber.

6 Vgl. auch Verena Kast (1994): Vater-Töchter, Mutter-Söhne. Wege zur eigenen Identität aus Vater- und Mutterkomplexen. Stuttgart: Kreuz, S. 192 f.

7 Rolf Oerter/L. Montada u. a. (1987): Entwicklungspsychologie. 2. neu bearbeitete Auflage. München, Weinheim: Psychologie Verlags Union.

8 Wassilios E. Fthenakis (1988): Väter. München: dtv; Matthias Petzold (1994): Der Vater im Übergang zur Elternschaft. Psychosozial, 17, 4, S. 61-73.

9 Vgl. Fthenakis, a. a. O., mit weiteren Nachweisen.

10 Heidi Keller/A. Chasiotis (1991): Die Rolle des Vaters für die frühe Entwicklung des Kindes. Psychosozial, 14, 11, S. 67-75.

11 Fthenakis, a. a. O., S. 293.

12 Ebd., S. 302.

13 Ebd., S. 303.

14 S. Freud (1900): Die Traumdeutung. Gesammelte Werke (GW) II/III, S. 264. Vgl. ebenfalls S. Freud (1916/17): Vorlesungen zur Einführung in die Psychoanalyse, GW XI, S. 345 f., sowie (1923): Das Ich und das Es, GW XIII, S. 260.

15 S. Freud (1931): Über die weibliche Sexualität, GW XIV, S. 519.

16 Elektra, heißt es in dem griechischen Mythos, liefert ihre Mutter Klytämnestra ans Messer ihres Bruders Orest. Elektra will so Agamemnon, ihren geliebten Vater, den glorreichen Feldherrn des Trojanischen Krieges, rächen. Er war zuvor von seiner Gattin und ihrem Buhlen ermordet worden. Doch nicht einmal im Elektra-Mythos selbst gibt es eine

glatte Parallele zum Vatermord des Schwellfuß (Ödipus). Klytämnestra nämlich, Elektras Mutter also, rächte mit ihrer Tat nur ihre älteste Tochter Iphigenie, die Agamemnon zuvor aus Staatsräson den Göttern geopfert hatte.

17 Maya Nadig/M. Erdheim (1986): Frauen Leben Psychoanalyse. Gespräche mit Marie Langer-Glas und Goldy Parin-Matthéy, S. 315. In: H.-M. Lohmann (Hrsg.): Die Psychoanalyse auf der Couch. Frankfurt/M.: Fischer.

18 S. Freud (1924): Der Untergang des Ödipuskomplexes, GW XIII, S. 395-402.

19 Birgit Rommelspacher (1994): Die Psychologie der Dominanz. Psychologie heute, 21, 1, S. 46-50.

20 Alexander Mitscherlich (1963): Auf dem Weg zur vaterlosen Gesellschaft. München: Piper.

## Prägungen

1 Goodenough Pitcher, nach Ursula Scheu (1977): Wir werden nicht als Mädchen geboren – wir werden dazu gemacht. S. 79. Frankfurt/M.: Fischer.

2 Scheu, a. a. O., S. 80.

3 So die übereinstimmenden Ergebnisse entwicklungspsychologischer Untersuchungen, vgl. zusammenfassend I. Beerlage (1993): Beliebtheit. Komponenten eines Alltagsbegriffs. München, S. 62 ff.

4 Astrid Lindgren (1988): Die Kinder aus Bullerbü. Hamburg: Oetinger. Die schwedische Originalausgabe erschien bereits 1947-1952. Lindgren hat hier also, wie schon mit Pippi Langstrumpf als »starkem Mädchen«, ein Phänomen dargestellt, das in der Erwachsenenliteratur erst Jahrzehnte später breitere Aufmerksamkeit erfahren hat.

5 Vgl. Anita Heiliger/Constanze Engelfried (1995): Sexuelle Gewalt, männliche Sozialisation und potentielle Täterschaft. Frankfurt/M.: Campus.

## Brüche, Berührungen. Mein Leben als Tochtervater

1 Reinhard Kahl (1995): Kleine Fluchten aus Enge und Tempokratie. In: Erziehung und Wissenschaft, 47. Jg., 7/8, Sonderbeilage, S. 3-8.
2 Elisabeth Beck-Gernsheim (1990): Alles aus Liebe zum Kind. In: Ulrich Beck/E. Beck-Gernsheim: Das ganz normale Chaos der Liebe, S. 135 ff. Frankfurt/M.: Suhrkamp.
3 Psychologie heute, 23. Jg., 1, 1996, S. 9, vgl. auch Brigitte Apfel/H. Csef (1995): Angst vor Umweltgiften – berechtigte Realangst oder psychische Störung? Psychotherapie, Psychosomatik, Medizinische Psychologie, 45. Jg., 3/4, S. 90-96.
4 Heinrich Hannover (1995): Hasentanz, S. 9. Rowohlt.
5 Dank an Andreas Riekenbrauck!
6 Sie wollen es also tatsächlich wissen. Bitte, wenn Sie meinen, daß es Ihnen nützt: x= 2.
7 Wer mehr darüber erfahren will, lese H. Beckmann (1994): »PAPAlapapp«, Rowohlt Berlin.

## Berühmte und berüchtigte Tochterväter

1 Vgl. hierzu und im folgenden Friedrich Hartau (1991): Molière, mit Selbstzeugnissen und Bilddokumenten. Reinbek: Rowohlt; Otto Rank (1912): Das Inzest-Motiv in Dichtung und Sage, S. 379. Leipzig: Franz Deuticke.
2 Vgl. Hartau, a. a. O., S. 73 f.
3 Ebd., S. 58.
4 Otto Rank, a. a. O., S. 379.
5 Vgl. im folgenden Klaus Goch (1988): Eleanor Marx. In: Luise F. Pusch (Hrsg.): Töchter berühmter Männer, S. 275-347. Frankfurt/M.: Insel; im übrigen auch: Volker Elis Pilgrim (1990): Adieu Marx. Gewalt und Ausbeutung im Hause des Wortführers. Reinbek: Rowohlt.
6 Brief an Laura Lafargue vom 5. August 1896, zit. n. Goch, a. a. O., S. 325 f.

7 Zit. n. Roland Besser (1977): Leben und Werk von Anna Freud, S. 130 f. In: D. Eicke (Hrsg.): Die Psychologie des 20. Jahrhunderts, Bd. III. Zürich; im folgenden vgl. auch Lisa Appignanesi/J. Forrester (1992): Freud's Women. New York: Basic Books; Uwe H. Peters (1979): Anna Freud. Ein Leben für das Kind. München: Kindler.

8 S. Freud an W. Fließ, 20. Oktober 1895, zit. n. Wilhelm Salber (1991): Anna Freud, S. 7. Reinbek: Rowohlt.

9 S. Freud an S. Ferenczi, 7. Juli 1913, zit. n. Peters, a. a. O., S. 44.

10 Vgl. Appignanesi/Forrester, a. a. O., S. 276 f.

11 Peter Heller (1983), zit. n. Salber, a. a. O., S. 136.

12 Thomas Mann (1919): Gesang vom Kindchen. In: Unordnung und frühes Leid. Erzählungen 1919-1930, S. 100. Frankfurt/M.: Fischer TB (1994).

13 Vgl. Marianne Krüll (1995): Im Netz der Zauberer. Eine andere Geschichte der Familie Mann. Frankfurt/M.: Fischer TB. Zu Erika Mann vgl. im folgenden auch: Irmela von der Lühe (1994): Erika Mann. Eine Biographie. Frankfurt/M.: Campus, sowie Erika Mann (1956): Das letzte Jahr. Bericht über meinen Vater. Frankfurt/M.: S. Fischer. (Fischer TB, 1993).

14 Tagebucheintrag Thomas Manns vom 1. März 1921, Tagebücher (1918-1921), S. 487. Hrsg. v. Peter de Mendelssohn. Frankfurt/M.: S. Fischer (1979).

15 Äußerung Monika Manns in der Fernsehdokumentation von H. Breloer (1984): Treffpunkt im Unendlichen. Die Lebensreise des Klaus Mann, zit. n. Krüll, a. a. O., S. 437.

16 Vgl. Krüll, a. a. O., S. 436 f.

17 Thomas Mann, Tagebucheintragung vom 26. April 1920. In: Tagebücher (1918-1921), a. a. O., S. 207.

18 Brief vom 20. November 1905, Thomas Mann – Heinrich Mann (1900-1949) Briefwechsel, S. 62. Frankfurt/M.: S. Fischer.

19 Erika Mann in einem Brief an Paul Citroen vom 13. September 1963, zit. n. von der Lühe, a. a. O., S. 261.

20 Vgl. von der Lühe, a. a. O.

21 Sylvia Plath: Daddy. In: Ariel. Gedichte, englisch und

deutsch. Deutsch von Erich Fried. Frankfurt/M.: Suhrkamp (1993).
22 Vgl. hierzu Beckmann (in Vorb.): Das Prinzip des Agamemnon.
23 S. Plath (1968): The Colossus and Other Poems. New York: Vintage Books.
24 Aus »The Jailer«. The Collected Poems. Hg. von Ted Hughes. New York u. a.: Harper & Row (1981).

## Durchschnittsväter

1 Jean Liedloff (1994, xte Aufl.): Auf der Suche nach dem verlorenen Glück. Gegen die Zerstörung unserer Glücksfähigkeit in der frühen Kindheit. München: Beck.
2 Alissa Walser (1994): Dies ist nicht meine ganze Geschichte. Reinbek: Rowohlt.
3 Psychologie heute, 9, 1994, S. 44-49.
4 Barbara Kavemann/I. Lohstöter (1984): Väter als Täter. Reinbek: Rowohlt; Katharina Rutschky (1992): Erregte Aufklärung. Kindesmißbrauch: Fakten und Fiktionen. Hamburg: Klein.
5 Spiegel Nr. 25, 1994, Heft-Titel.

## Die Verwirrung um den sexuellen Mißbrauch

1 Sigmund Freud (1896): Zur Ätiologie der Hysterie, GW I, S. 423-459.
2 S. Freud (1925): Einige psychische Folgen des anatomischen Geschlechtsunterschieds, GW XIV, S. 21.
3 Vgl. Josephine Rijnaarts (1991): Lots Töchter. Über den Vater-Tochter-Inzest. München, S. 93 ff.
4 Wolfgang Schmidbauer (1991): Liebeserklärung an die Psychoanalyse. S. 106. Reinbek: Rowohlt.
5 Katharina Rutschky (o. J.): Erregte Aufklärung. Kindesmiß-

brauch. Fakten und Fiktionen. München: Goldmann. Orig. (1992): Hamburg: Klein.

6 Psychologie heute, 21, 6, 1994; Spiegel, 31, 1994.

7 Carol Tavris (1994): Der Streit um die Erinnerung. Psychologie heute, 21, 6, S. 20-30.

8 Rutschky, a. a. O., S. 43.

9 Ebd., S. 109.

10 Psychologie heute, 9, 1994.

11 Victoria Secunda (1994): »Tochter bleibt man ein Leben lang ...« Von Frauen und ihren Vätern. München: Goldmann, S. 213.

12 Der Tagesspiegel, 16. März 1995: Feministinnen und Kirchen in Anti-Sexualitäts-Allianz?

13 Nicky Marone (1992): Gute Väter – selbstbewußte Töchter. Frankfurt/M.: Krüger.

## Väterdämmerung

1 Alexander Mitscherlich (1963): Auf dem Weg zur vaterlosen Gesellschaft. München: Piper.

## Vater Morgana

1 Alexander Mitscherlich (1987): Der unsichtbare Vater. In: ders.: Das Ich und die Vielen. S. 85. München: Piper.

2 Dieter Lenzen (1991): Vaterschaft. Vom Patriarchat zur Alimentation. Reinbek: Rowohlt.

3 Vgl. Frank F. Fürstenberg/A.J. Cherlin (1993): Geteilte Familien. Stuttgart: Klett-Cotta.

4 Gisela Bleibtreu-Ehrenberg (1994): Vaterschaft im Kulturvergleich. Psychosozial, 17, 4, S. 25-36.

5 Jacques Revel (1989): Geschlechterrollen in der Geschichtsschreibung. In: Alain Corbin/A. Farge/M. Perrot u. a.: Geschlecht und Geschichte. Ist eine weibliche Geschichtsschreibung möglich?, S. 95-120. Frankfurt/M.: S. Fischer.

6 Michael Pollack (1990): Homosexuelle Lebenswelten im Zeichen von Aids. Soziologie der Epidemie in Frankreich. S. 41. Berlin: Edition Sigma.
7 Vgl. Monika Sieverding (1992): Weiblichkeit, Männlichkeit und psychische Gesundheit. In: E. Brähler/H. Felder (Hrsg.): Weiblichkeit, Männlichkeit und Gesundheit, S. 33-63. Wiesbaden: Westdeutscher Verlag.
8 Ebd., S. 53.
9 Sieverding, a. a. O.
10 Vgl. Ingrid Olbricht (1993): Was Frauen krank macht. Der Einfluß der Seele auf die Gesundheit der Frau. München: Kösel.
11 Sieverding, a. a. O., S. 49 ff.
12 S.E. Taylor/J.D. Brown (1988), zit. n. Sieverding, a. a. O., S. 50.
13 Vgl. Olbricht, a. a. O.; Karin Tilli (1991): »Still, still, still, weil's Kindlein ...« Stillfrequenz, Stilldauer und Abstillgründe. Zur psychosozialen Bedeutung des Stillens, in: Psychosozial, 14, 11, S. 55-66.
14 Sophie Freud (1992): Töchter und Väter. In: dies.: Meine drei Mütter und andere Leidenschaften. Frausein, Liebe, Lebensmitte, S. 313. München: dtv.
15 Ebd.
16 Hermann Bullinger (1994): Wenn Männer Väter werden, S. 231. Reinbek: Rowohlt.

## *Dank*

Mein besonderer Dank für Hilfe, Rat, Unterstützung ... gilt Susanne, Annette, Gretel, Cornelia, Jürgen, Andreas, O., W. und Peter Hammans vom Rotbuch Verlag!